An Anglo-Norman Brut (Royal 13.A.xxi) edited
by Alexander Bell.   Oxford, Published
for the Anglo-Norman Text Society by
Basil Blackwell, 1969.
xxxv, 200 p.   (Anglo-Norman texts, 21-22)

1. Anglo-Norman poetry.   2. Anglo-Norman
dialect - Texts.   I. Anglo-Norman Text
Society.   II. Title: Brut.

AN ANGLO-NORMAN BRUT

Anglo-Norman Text Society
Nos. XXI–XXII
(for 1963–64)

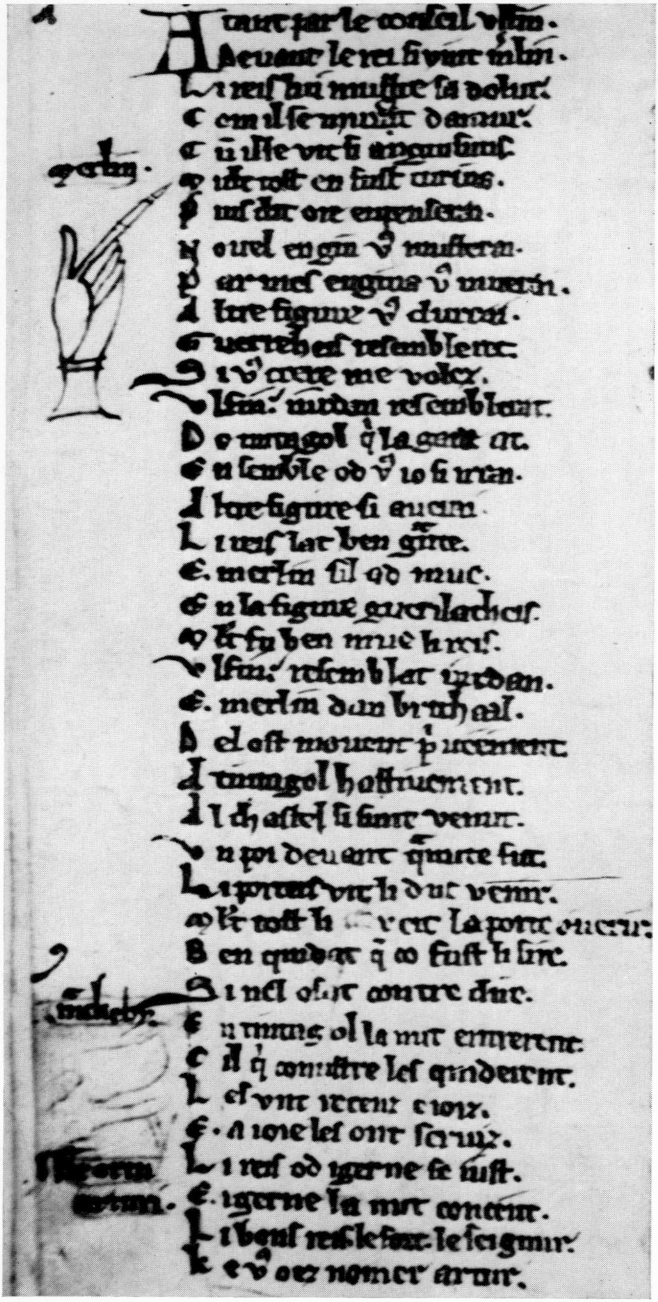

Frontispiece MS. B.M., Royal 13.A.xxi, f. 77c, ll. 6208–37 (followed by Wace's *Brut*, ll. 8729–36).

ANGLO-NORMAN TEXTS—XXI–XXII

AN
ANGLO-NORMAN
BRUT

(ROYAL 13.A.xxi)

Edited by
ALEXANDER BELL

OXFORD
Published for the ANGLO-NORMAN TEXT SOCIETY
by BASIL BLACKWELL
1969

Printed in Great Britain by Alden & Mowbray Ltd
at the Alden Press, Oxford
and bound at the Kemp Hall Bindery

PREFACE

It had long been assumed that the text now edited was in some way representative of the lost *Estoire des Bretuns* of Gaimar, so on completing my edition of his *Estoire des Engleis* it seemed opportune to investigate the matter further. It soon became evident that the assumption could not be upheld, but an affinity with an Oxford Welsh Brut (Jesus College, No. LXI) was revealed. I must, however, emphasize that I am no Celticist and that when in my discussions I mention the Welsh version, I refer solely to the translation printed by A. Griscom in his edition of Geoffrey of Monmouth.

It is a pleasure to acknowledge help on matters lexicographical from Miss L. W. Stone and on certain points of detail from Mr. T. A. J. Burnett, of the British Museum, from Professor K. Jackson and from Professor J. C. Maxwell; above all my thanks are due to Professor T. B. W. Reid for much advice and comment in the exercise of his editorial function.

CONTENTS

INTRODUCTION

1. WORK

THE text now edited for the first time, though it has long been known, replaces a large section of Wace's *Brut* in B.M. Royal 13. A. xxi, which was collated, from f. 77v onwards, by Arnold in his edition[1] and given the siglum B. But how did it get into the present manuscript? A question to be raised, for there are several curious features involved. It begins and ends in mid-column, so it is not simply an insertion of a number of gatherings. Various types of correction—expunctuation, double accents to indicate a necessary transposition of words and, once, the letters *b a* in the margin to call attention to interversion—show that the scribe had a written text in front of him and that there was some checking of the transcription. There are also some omissions proved by the break in sense; in view of the other corrections the scribe was probably not responsible and if so, cannot be the author of the interpolated text. Moreover the item in the manuscript begins with a rubric at the head of the second column of a verso (f. 40v), leaving the first column blank; the writing is a little cramped in comparison with that in the succeeding pages, though not, I think, a different hand. A large initial *K* extends from l. 1 to l. 10 of the column and embraces seven lines of rubric and three of text, the last word of the rubric being at the end of the first line of text. In the rubric which reads:

Ci comence le brut ke maistre / Wice translata de latin en / franceis de tuz les reis ke / furent [en] Bretaigne deske il / perdi son nun e fust apele / engletere par la *grant* destruci / un ke daneys firent en la / terre,

close examination shows that the author's name has been altered; the second letter was originally *a* and the bow can still be faintly seen; the shaft in particular has been thickened to make the name read *Wice*. In the seventh line of the immediately following text— the introduction to the *Brut*—we read *Meistre Wice l'ad translaté* with no trace of alteration in the name; was the correction made to harmonize the two references? Forty lines of text follow the rubric,

[1] *Le Roman de Brut* (S.A.T.F., Paris, 1928–40).

but finish only one line lower on the page than the forty lines of text on the next page (f. 41r). If we suppose our scribe started copying his text on f. 41r, leaving a twelve-line space for a rubric, and then found he had to use fifty-two lines of introductory matter from another source, he would naturally fill in his column with the last twelve lines of his new matter; he would thus be left with forty lines and a rubric which clearly should go at the head of a column and this would lead to the observed crowding. The join of the two texts is not quite smooth, probably unavoidably so, but results in a contradiction: Wace relates Latinus' welcome of the Trojans and his promise to their leader of his kingdom and his daughter, *Mes prendre la deveit Turnus Ki de Tuscane ert sire e dux* (Wace 51–2), but a few lines farther on we are told, in our text, that Latinus gives his daughter to Æneas who *espusé l'ad, Mais son seignur out ainz occis, Turnum le rei ki l'aveit pris* (6–8). Our text ends at f. 77c, eight lines from the bottom of the column, and is continued without noticeable break in sense with the text of Wace. There is, however, a slight change of alignment (see Frontispiece) between the last line of the old and the first line of the new text which suggests a pause in the transcription. Had the scribe run out of copy and is the *Marckeby* which appears in the margin at this point, but has no relevance to anything in the text, a reminder of where to turn to secure the remainder of the copy? It thus looks as though our text is not so much an interpolation as an unfinished work which has been completed by the addition of the relevant portion of Wace's *Brut*.

The possibility that the scribe had an incomplete text before him raises the further question: did the author finish his translation and, if so, has any other part survived? We cannot prove that he completed his work, but on linguistic grounds we can say that both the Harley fragments published by Imelmann[1] and the *Description of England* published by Hardy and Martin[2] could be due to him; also the 'platte' on f. 40r which shows the kingdoms of the Heptarchy, their shires and sees, is more appropriate to the *Description* than to Gaimar or Wace.

The manuscript in which our text is preserved—British Museum, Royal 13. A. xxi—has long been known and frequently described, so only essentials need be repeated here. It is in three parts, of which

---

[1] R. Imelmann, *Laȝamon: ein Versuch* (Berlin, 1906).
[2] *L'Estorie des Engles* (Rolls Series, London, 1888–9.)

only the second, generally assigned to the late thirteenth century, concerns us. This begins on f. 13v with a version of the *Imago Mundi*, here attributed to a certain Henry, which was at Hagneby Abbey (Li.) in the fifteenth century and may originally have been quite distinct from the rest of this section. Then follows on f. 40r the 'platte' which probably originated in E. Anglia.[1] Next comes, on f. 40v, Wace's *Roman de Brut,* interrupted on f. 41r by our text, resumed on f. 77v and followed immediately on f. 113v by Gaimar's *Estoire des Engleis.* The two O.Fr. texts thus form a unit, having been written by the same scribe who supplied headings and marginal notes in Latin and French to both; our portion of the manuscript has been trimmed and the result is that some notes in the outer margins are truncated and only one catchword has survived; certain features of the beginning of this section have already been discussed (p. ix). Our scribe had a written exemplar before him, but it is uncertain whether that already combined the two works, though it now seems to me probable that he was responsible for the opening lines of the *Estoire* in this manuscript which read:

> Ça en arere el livere bien devant,
> Si vus en estes remembrant,
> Avez oi comfaitement
> Costentin tint aprés Artur tenement,

for the death of Arthur is followed in Wace by some 1500 lines corresponding to *Historia* XI, 3–XII, 19 which Gaimar did not use.

2. AUTHOR

Neither prologue nor epilogue from which we might have learned something about the author have survived; nor is he even named in the extant portion of his work. It is clear from his language that he is an insular, not a continental, writer, and study of the phrasing of some of his place-name identifications suggests that he was familiar with the North of England. When, referring to Amesbury, he says: *Prof ert de une bone cité Ki Kaircradoc fust apelé, Salesbire ore ad a non* (5622–4), he is simply translating Geoffrey of Monmouth[2] who twice speaks of Caercaradoc *que nunc Salesberia dicitur* (*Historia,* VI, 15; VIII, 9), but when, earlier, he had referred to Caerconan

---

[1] Cf. A. Bell, 'The Royal *Brut* Interpolation', *M.Æ.,* XXXII (1963), 190–202.
[2] A. Griscom, *The Historia Regum Britanniae of Geoffrey of Monmouth* (London, 1929).

where also the identification is in the *Historia* (VIII, 5), his phrasing is different:

> A son chastel donc s'en turnat
> Ke Kairconan apelat,
> Conengesburc nus l'apelom
> Ki enz el pais manum   (5412–15);

this contrasts with:

> Idonc sunt tuit asemblé
> En Dorobelle la grant cité,
> Issi out nun a icel tens,
> Dovre l'apelent noz parenz   (2223–6),

but agrees with:

> Icel mont a cel eé
> Diamned esteit apelé,
> Mais nus qui el pais manum
> Windegates ore l'apelum   (6038–41)

to which, after mentioning hazel-thicket and rocks derived from the *Historia* (VIII, 18), he adds: *Desuʒ si curt un russellet Ke nus apelom Coquet* (6044–5), a small river unlikely to have been widely known. Again, when Gutlach, the Danish king, after rescuing his 'amie' from Brennius, is driven by storm to these shores, our author specifies: *En l'ewe de Tine est arivé* (1571) though Geoffrey of Monmouth had only 'Northumbria'.

In this context two other place-names are of interest: Westmorland and Caithness. In the *Historia* we read how, after the defeat of Rodric, king of the Picts, Marius *erexit lapidem in signum triumphi sui in provincia que postea de nomine suo Wistmaria dicta fuit* (IV, 17); Wace emphasizes the erection of the stone, to which he transfers the name—*Si l'apele l'on Vestinaire* (5184)—apparently having read *Westinaria* in his source; our author does not mention the stone, but, after relating the defeat, adds: *Puis son nun al champ donat, Westmorland l'apelat* (3263–4). This, however, is not his only reference to the naming of the district, for earlier, in his account of the reign of Morvidus, he tells how:

> Uns riche reis de Moriens
> Od grant navie a icel tens
> En Northumberland arivat
> E la terre deguastat   (1939–42),

how he was defeated and how the victor *Al champ un novel nun donat, Westmerland l'apelat* (1957–8); the *Historia* tells how in the time of Morvidus *applicuit quidam rex Morianorum cum magna manu in Northambriam & patriam uastare incepit* (III, 15) and Wace follows—*En Northumberlande ariva E a guaster la comença* (3395–6); neither mentions the naming. The two vernacular accounts, by using the contemporary name, limit Geoffrey's *Northambria* to the eastern side of the country, but the Welsh version translated in Griscom's edition of the *Historia* says: *and in his (sc.* Morvidus') *time came Morien with a mighty host to the Gogledd and began to ravage the land* (p. 294); unfortunately the localization of the *Gogledd* in this text varies, so it is uncertain whether it is here used of Strathclyde and Cumbria. But was our author responsible for the link with Westmorland? We cannot tell, but if he was, it is rather curious that he makes no mention of the county when it figures later in the *Historia* (V, 8).

Caithness is of interest in another way. Geoffrey of Monmouth refers to it several times: in the division of the kingdom with Cunedagius, Margan receives *pars illa quæ trans Humbrum extenditur uersus Katanesiam* (II, 15); Brennius, the younger brother, *Northanhimbriam ab Humbro usque ad Katanesiam adeptus est* (III, 1); it is the northern terminus of one of the four roads constructed by Belinus:

iussitque uiam ex cemento & lapidibus fabricari quæ insulam in longitudinem a Cornubico mari usque ad Catanensium litus secaret (III, 5);

after the defeat of Rodric, Marius *dedit partem Albanie ad inhabitandum que Catanensia nuncupatur* (IV, 17). Our author keeps only the last reference, but twice brings in Caithness where it is not mentioned in the *Historia*: Carausius, having bribed the Picts to desert Bassianus, gives them, not as in the Latin *locum mansionis in Albania* (V, 3), but *Icele partie del regné Ki Katenés est ore apellé* (3443–4); Aurelius does not give to Octa and the defeated Saxons *nationem iuxta Scotiam* (VIII, 8), but instead *Catenés lur ad le rei baillé* (5586), this being the third donation of Caithness recounted by our author who seems to regard it as a dumping-ground for undesirable aliens. Already in Henry of Huntingdon's *Historia Anglorum*[1] Caithness is the northern terminus of one of the four great roads: *quartus, major caeteris, incipit in Catanes et desinit in Totenes* (I, 7), but in the *Description*

[1] Ed. T. Arnold (Rolls Series, London, 1879).

of England which is based on this section of Henry's work the termini are reversed and the connection with Belinus is brought in:

> Li quarz si est mult encumbrus,
> La lungur est de Toteneis
> Desi tresqu'en Cateneis,
> Sifaitement le nus descrist
> Belins qui mesurer la fist   (269–73);

Wace, following Geoffrey of Monmouth, makes this road the first:

> Primes fist faire une chauciee,
> Qui encor puet estre enseinnee,
> Del lunc de la terre, mult grant:
> Fos l'apelent li païsant,
> Qui comencë en Toteneis
> E si finist en Cateneis;
> Vers Cornewaille comença,
> E dedenz Escoce fina   (2613–20);

the last couplet suggests the possibility of confusion between *Cataneis* and *Escoce* and it is interesting to note that where Wace, following Geoffrey, tells us that:

> Modred lur ot graanté
> E en eritage duné
> Pur lur aïe e pur lur force
> Del Humbre tut des qu'en Escoce   (13059–62),

Gaimar[1] gives *Des Humbre desqu'en Kateneis Duné lur ot Modred li reis* (9–10); perhaps our author is using *Catenés* in such wider, and vaguer, sense?

Our author, who intended his work to be read aloud—

> Ore larrum a tant ester,
> Un petit volum reposer
> E nostre aleine recoverer,
> De l'estorie voldrum conter   (2997–3000)—

is content to adhere closely to his source and has no desire to achieve a work of art; adequately equipped for his task as translator, for no serious misunderstanding of the Latin is evident, he is from the literary point of view a journeyman in comparison with Wace; the contrast between his account of the wrestling match between Corineus and Geomagog and that in the *Brut* illustrates this. He gives less detail than the *Historia* and gives fewer than twenty lines

[1] *L'Estoire des Engleis*, ed. A. Bell (A.N.T.S., Oxford, 1960).

to it, whereas Wace in some sixty lines gives a ring-side description. Apart from matters of information our author makes a few additions which are of interest: twice (419, 904) he tells us the Greeks, taken by surprise in a night attack, were sleeping *tuz nuz*; he throws a sidelight on a matter of military routine:

> Cum li solail esteit levez,
> Cil qui l'ost unt escheluaitez
> Tut asseur se sunt cuchez,
> Si cum l'um feit el tens d'estez   (895–8);

the Trojans attack the Greeks and *Ocient les par ces deserz Com s'il fussent bous u cerfz* (187–8) and of Corineus he tells us *unc ne fust nul macecrer Qui si sout charn detrencher* (749–50); the unfortunate Greeks, victims of a surprise attack, *Ne sevent qu'en l'ost est venu Deci qu'il sunt en enfern venu* (431–2); when Humber in his flight gets into the river, *Quant l'ewe tute ne pot beivre, Si lui estut la mort recevre* (1061–2); and, in lighter vein and the longest such addition, the scene between Julius Caesar and the inhabitants of Wissant:

> Com estut a Witsand sur rive de mer,
> Vers Bretaigne prist a esgarder,
> En Dovre vit blanc dras venteler,
> As paisans prist a demander:
> 'Ore me dites, seignurs amis,
> Quele terre ço est e quel pais,
> U jo vei ces dras blancheier
> Tut dreit utre cele mer?'   (2147–54).

3. SOURCE

It is already clear that our author used the *Historia*: it is indeed his principal source to which he has added and from which he has omitted. Though he does not seem to have known the variant version of the *Historia*, several details suggest that the copy he used is related in some way to that behind the Welsh version translated in Griscom's edition, from which I quote. Twice (3319–22, 3493–6) in agreement with the Welsh (p. 330, p. 335) he mentions both Bernicia and Deira, or their inhabitants, where Geoffrey of Monmouth has only the latter; of the death of Bladud we are told:

Historia: in multa frustra contritus (II, 10)
A.N. Brut: A terre est si tresbuché
               K'en ·c· peces est depescé (1201–2)
Welsh: was dashed in a hundred pieces (p. 262);

B

like the Welsh our author puts the construction of the *Tur d'Odene* after, not as in the Latin before, Caesar's first repulse in Britain; when Maximian and Conan invade Gaul, *Li reis Imblaz i est occis* (3965), where the name is closer to the *Hymblat* of the Welsh (p. 348) than to the *Himbaldus* of the Latin (V, 12); when the assassination of Aurelius is being planned, the poisoner says *jo . . . sai . . . les custumes del pais* (5877-8) which is closer to the Welsh *I know . . . the customs of the Brytanniait* (p. 416) than to the Latin *moresque hominum scio* (VIII, 14); and the name of the mountain on which Uther takes refuge after his disastrous retreat from York, *Diamned* (6039), is nearer to the Welsh *Danned* (p. 420) than to Geoffrey's *Damen* (VIII, 18).

Some of our author's omissions are a little surprising. He does not explain why Assaracus is ready to help Brutus against Pandrasus, his own brother (89 ff.); he makes no mention of the rash advance of Brutus' nephew Turnus (925 ff.); he says nothing of Mempricius' treachery to his brother (1129-30); he does not give Conan's reason for requesting British wives for his followers (4037 ff.); there is no fight between the dragons revealed under the site of Vortigern's tower (5213 ff.) nor any mention in Merlin's explanations (5244 ff.) of the fates of Aurelius and Uther nor of the coming of Arthur. Rather different is the omission of all the kings of Britain between the death of Cunedagius and the accession of Dunwallo; it looks as though a leaf had been lost, or damaged, in his exemplar, but whence does he derive the period of *plus de ·c· anz* (1478) which covers this gap? And is there any connection between this detail and the later ascription of *cinc cenz anz* (2077) to the reigns of the thirty-odd successors of Elidurus?

The additions are rather more interesting, though we cannot know whether our author found them in his exemplar or made them himself and, if the latter, whether from actual knowledge or from considerations of a literary nature. Thus when he tells us that Brutus and his Trojans *venent a Gadés U sunt les portes Herculés* (635-6) he is true to fact, but when later he recounts a repulse of the Trojans and how *Brutus i fut un poi naffré* (858), is this more than poetic licence? In describing the division of Britain after the death of Brutus our author diverges from the *Historia* where we read:

Albanactus iunior possedit patriam quæ lingua nostra his temporibus appellatur Scotia & nomen ei ex nomine suo Albania dedit (II, 1), by referring to the inhabitants:

> Albanactus out nun li terz
> Ki d'Escoce fut reis eisez;
> Uncore en unt cil le surnun,
> Scot Albana les apele l'um   (1043–6).

In the story of Locrine and Estrild our author is again at variance with his source, for the king is already married to Guendolen (1074) when he defeats Humber and keeps Estrild for himself; we are told nothing of her antecedents and lose the subterranean refuge in which she is hidden; further, after Guendolen's victory she *Estrild ad fet decoler E sa fille en ewe neier* (1113–14).

Two other additions give information from Roman history: after their final defeat of the Romans and capture of Rome Belinus and Brennius

> La cité unt un an tenu
> Puis que Romeins orent vencu.
> Idunc dient que il la vendrunt,
> Pur mil livres d'or la durrunt;
> As Romains unt la cité vendu
> Pur mil livres d'or mulu;
> A lur escient plus ne valeit
> Ne plus prendre nuls ne poeit   (1829–36),

a reference to the ransom of Rome by the Gaulish leader Brennus; then, as we come to the period of the Roman invasion, we are told of Julius Caesar:

> Cist fust uns hom de mult grant sens,
> Des jurs de l'an sout ben les tens;
> Cil furnist l'an par ·xii· mais
> Ki par dis ert furni ainceis   (2143–6).

In the former case Geoffrey of Monmouth had expressly declined to follow the Roman historians—

cuius (*sc.* of Brennius) ceteros actos & exitum quia romane hystorie declarent nequaquam tractare curaui (III, 10)—

and in the latter had referred to them—*ut in romanis repperitur hystoriis* (IV, 1), thus rather inviting a follow-up. This has evidently taken place for our text, but whether by the author or by a predecessor we do not know. Another addition has involved an interesting historical confusion: Brutus and his Trojans leave

Greece, but the *Historia* does not name the port of embarkation whereas in our text we are told:

> Les galees sunt assemblé
> A la cité de Miceine
> Dunt jadis fut raine Heleine   (526–8),

but then confusion occurs:

> Cil qui meinent en Seizille
> Entr'els l'apelent Meschine.
> Iloc si curt un braz de mer
> Le Far l'ai oi numer   (529–32);

and later the Trojans

> Del rei de Grece unt pris cungé,
> Enz en lur nefs en sunt entré,
> Amont le Far s'en sunt turné   (554–6);

here it looks rather a divided responsibility: a naming of the port by a predecessor (who also made the two Roman additions?) and a confusion with Messina by our author.

We have seen that our text is undoubtedly translated from the *Historia*, but in what relation, if any, does it stand to the earlier translations of Gaimar and Wace? On linguistic grounds alone, as I showed in the article cited above, it cannot be ascribed to Gaimar, nor is there anything to suggest that it derived from his lost *Estoire des Bretuns*; in the same article I gave grounds for holding that it is not a shortened version of Wace. The form of the *Historia* from which it is translated seems to differ from that used by Wace, it follows its source more closely and has details which are not in Wace, but are already in the *Historia*. To instance: after the capture of Pandrasus by the Trojans, they discuss the terms to be imposed and, says Wace, *Dunc firent le rei amener, Si l'unt fait devant els ester* (561–2), but Geoffrey treated him more respectfully—*nec mora adductus est & in cathedra celsior ceteris positus* (I, 11)—and, following him, so does our author:

> Le rei de Grece unt demandé.
> Entr'els l'aseent hautement
> Sur un faldestol d'argent   (490–2).

Again: in describing the death of Morvidus Wace tells us simply

la beste la gule ovri, Devora le e trangluti (3449–50), but our text has
La beste puis li corut sure, Cum un pessunet le devoure (1969–70) in agree-
ment with Geoffrey's *apertis faucibus ipsum uelut pisciculum deuorauit*
(III, 15).

One other translation of the *Historia* should perhaps be considered
here, though it is Continental, not Anglo-Norman, and is roughly
contemporary with our text. This is the Munich *Brut* (ed. K. Hof-
mann, K. Vollmöller (Halle, 1877)) and between the two there are
undoubted verbal parallels, though, so far as I have observed,
mainly because the Latin text suggests the rendering. To instance:
when our text says *Retenuz i est Antigonus E sis compainz Anacletus*
(261–2) and the Munich *Brut* gives *Iluec fu pris Antigonus Et ses*
cumpain Anacletus (591–2), both are translating Geoffrey's *Antigonum*
& Anacletum eiusdem socium retinuerunt (I, 5). The gap in the narrative
after the death of Cunedagius has already been noted (p. xvi), but
it is doubtless only a coincidence that this is the point at which the
author of the Munich *Brut*, following up a hint in the *Historia*,
digresses to relate the early history of Rome. Nevertheless the
differences between the two texts are more important. To instance:
our text has no mention of Helenus among the captives of Pyrrhus,
the Munich *Brut* has; our text speaks of Pandrasus remaining as
hostage, the Munich *Brut* does not; when Pandrasus laid siege to
Sparatin, he, according to our text, *En treis parties parti sa gent* (290),
making explicit what is implicit in the *Historia*, but the Munich *Brut*
has not this detail, nor has Wace; on the other hand, when Brutus
later made his surprise attack on the besieging Greeks, he divided
his forces into three according to the *Historia*, which the Munich
Brut follows, as does Wace, but our text makes no mention of the
plan. In view of the evidence adduced, we shall do well to treat our
text as part of an independent translation of the *Historia*.

4. LANGUAGE

At the very outset we are confronted by three obstacles: the text
is extant in a single manuscript, the author does not rime carefully,
he does not observe strict syllable count. It is thus difficult to
distinguish between author and scribe and in other matters, such as
hiatus and elision, uncertainty prevails. Only the salient features will
be given here.

A. *Phonology*

The confusion of *é* and *ié* is absolute before oral consonants and when final—*herbergé* : *honuré* 1, *pere* : *plenere* 1375; it is probable before nasal consonants, but only two rimes appear to show it— *Moriens* : *tens* 1939, *tens* : *Maximiens* 4213—and both involve the outcome of *-ianus* which is admitted in rime with *ẽ* even in texts which otherwise distinguish the two sounds. Three other rimes— *Romeins* : *Troiens* 2157, *Maximiens* : *citeins* 4324, *paen* : *certein* 4701— may also reflect this confusion. We also find *quer* (<*cor*) : *berser* 44, : *cher* 1230.

Before *t* and *ʒ* we find *ã* : *ẽ*—*argent* : *rendant* 2181, *dedenʒ* : *enfanʒ* 777; *dolent* and *talent* rime in *ẽ* as well as, less frequently, in *ã*.

Isolated rimes—*moi* : *-erai* 3783, *fait* : *esteit* 5518, *Heleine* : *vileine* 3591—show confusion of *ai* and *ei*; before *r* we find *faire* : *quere* 5048, : *guerre* 5264, : *terre* 5542 and *repeire* : *terre* 1889 (also : *nuvele* 1765); before *t* we have *fait* : *receit* 85.

There is also widespread confusion of *o* and *u*, instances being *nevu* : *cremu* 3721, *asseur* : *pour* 173, : *jur* 1777, *escripture* : *hure* 2985, 3189, *turs* : *murs* 1507, 3481, *plus* : *nus* 1295, : *joius* 3555, *pruʒ* : *cremuʒ* 3195, 3563.

Interesting is the following group of rimes—*Grui* : *desguarni* 181, *lui* : *fui* 4577, *fius* : *pais* 469, *pris* : *pius* 2003, *consut* : *rescut* 2349; *Grui* is found alongside *Griu* in the body of the line and parallel with this double development (of *Graecum*) is that of *locum* as *liu* and *lui*, though graphic confusion may also be involved.[1]

Little can be said of the consonants. Vocalization of *l* before consonants is suggested by *plout* : *vout* 4439, *volt* : *desirout* 5908, *escult* : *mot* 5186 and its effacement by *Rududibras* : *vassals* 1183, *dras* : *chevals* 1385; *blame* : *realme* 4797 may be regarded as a further instance. A number of rimes, such as *reis* : *heirs* 3933, *foreʒ* : *deserʒ* 135, 971, *Escoce* : *force* 1155 suggest the weakened pronunciation of *r* before a consonant, but *teste* : *destre* 5552 is isolated. The reduction of *ʒ* to *s* is indicated by rimes such as *feiʒ* : *peis* 2073, *dedens* : *tens* 1725, *culverʒ* : *serfs* 145, *nefs* : *decoleʒ* 5984; it occurs very frequently after *i*—examples are *fiʒ* : *poestifs* 11, *asis* : *asailliʒ* 301; *remes* rimes in *-eʒ* (1659, etc.). Effacement of *s* before *t* is probably indicated by

---

[1] The pronouns *lui* and *li* are widely confused in our text and this may be due in part to the author, but *lui* as definite article should probably be regarded as scribal.

espirit : *aprist* 3191, unless we regard this as one of the inexact rimes which are a marked feature of our text. We find *l* and *r* linked in rime several times—instances are *pel* : *eschaper* 5022, *nuvele* : *repeire* 1765; of particular interest are rimes linking oral and nasal consonants as in *fortune* : *aventure* 275, 1335, *paisant* : *salt* 1021. Another group is provided by vowel + consonant linked with vowel + *n* + consonant as in *peis* : *mains* 3853, 3859, *Bretons* : *plus* 1173, *vus* : *uns* 1291 and especially after *i*, instances being *Peitevins* : *pais* 667, *enginz* : *asailliz* 293, *vint* : *vit* 5626. The rimes *sens* : *sons* 299, 3771 and *nefs* : *sons* 3093 suggest that the author used here a form of the 3rd sg. poss. pr. having a diphthong.

B. *Morphology*

The two-case declension system is no longer intact, but has not yet broken down completely; the author is conscious of the distinctions but does not always observe them. Of the imparisyllabic nouns in common use he employs frequently *emperere*—*emperur*, the former always, the latter once—2983—as nom. sg.; *hum*—*hume*, usually correctly; *sire*—*seignur*, the former mostly as title-word or in address. Others in this group are: *ancestre*—*ancessur*, the former only as nom. pl.; *emfes*—*enfant*; *fel*—*felun*, both as adjective and substantive, the former as acc. sg. at 3614, 3628 and nom. pl. at 4481, the latter as nom. sg. at 1992, 4464, 5915; *nés* (<*nepos*) and *quens* are generally used correctly, but *nevu* is found twice—2643, 2701—as nom. sg.; *sor* is used as acc. sg. at 1248, 1286. It is uncertain whether the *s* added to the nom. sg. in this group is due to author or to scribe; the same applies to incongruence of article and substantive as in *Eneas li vaillant* 14, *le bachelers* 45, and the following lines further exemplify this difficulty:

> Mais pur tant que t'engendrei,
> A aucun hume te durrei,
> Si aucuns hume te volt prendre   (1255-7).

The replacement of the infinitive ending -*eir* by -*er* is found once in rime—*guerreier* : *aveir* 1983; on the other hand a number of infinitive interrimes, both in -*er* and in -*ir*, are spoiled in the manuscript. Thus we find *governir* : *coruner* 2125, *purpenser* : *deliverir* 2663, *renovelir* : *refermer* 3197; *choiser* : *murir* 327, *pleiser* : *retenir* 4641, but these are to be attributed to the scribe who makes the same mistake in the body of the line and twice in rime—3669, 5906—where it has been corrected in the manuscript.

In the first person singular ind. pr. of the first and third conjugations, with one exception—*vante* (: *seisante*) 4522, only the traditional forms occur in rime—*aim* 1250, *otrei* 4686, *present* 92, *dei* 5126, *di* 5206—and the scribe has not been moved to add the analogical *e* or *s* in the body of the line. Both -*om* / -*um* and -*oms* / -*ums* are evidenced in the rimes for the first person plural, the former at 619, 3335, 3889 and the latter, in what is in effect one rime, at 2839, 3831, 5516, though in interrimes and in the body of the line the form without *s* is preferred. Twice, at 4533, 4536, we have *faimes* as an imperative and once, as an indicative, *poemes* 364, but these archaic forms are unlikely to have been introduced by the scribe. The third person plural offers the most noteworthy feature: stressed feminine endings. We have *deisant* : *enfant* 5102, *remuassent* : *quant* 5762, *pousent* : *vengassent* 3699, *venissent* : *hastivement* 5784, *venissent* : *amenissent* 6112. This treatment of the ending is found sporadically in A.-N. and usually, as here, with the imperfect subjunctive; but our author also seems to employ the stressed form in the present indicative in *asaillent* : *perdent* 2799, *gent* : *pernent* 4225. Tanquerey (*Étude sur le verbe en anglo-français* (Paris, 1915), pp. 234–7) in his discussion of the development pointed out that in the twelfth century the rimes are in -*ant,* whereas later they are in -*ent,* but, as our author rimes *ã* with *ẽ,* his examples are to be treated as one series. Miss Pope (*From Latin to Modern French* (Manchester, 1934), §1048) refers briefly to this development and its wider Continental aspects are discussed by Foerster (*Erec und Enide,* Halle, 1890) in his note to 1449.

The present subjunctive calls for a few remarks. *Aler* shows only *voist* 3627, *voisent* 1383; *doner* gives *doinst* 481, but *dungent* 1734 (and also the compound *pardungez* 1690); *faire* has only forms with *c,* but *saveir* varies between *c* and *ch*; *estoveir* supplies *estocet* 2166. In addition to the frequent *venge,* etc. we meet *fergum* 2284, *querge* 2248, 5067.

The distinction between the imperfect indicative of the first conjugation and that of the others is still kept, in the third person, by the author, though occasional interchange is found—*destruout* (: -*out*) 3618, *venouent* (: -*ouent*) 1860, *nomait* : *esteit* 4734; the interrime *laveint* : *baigneint* 5706 proves nothing and another rime—*guerraie* : *desiraie* 2857—is ambiguous, the first verb being possibly a present indicative. In the third person plural we find the monosyllabic ending -*eint* very frequently and -*ount* at 4575, 5491, but this is due to the scribe, for in the rime *esteient* : *moreint* 2419 (in the manuscript) it is unlikely that he corrected the first verb and left the second untouched; in the body of the line we find *enveint* (<*enveier*) 6018, 6020, *fuint* (<*fuir*) 4292, *oint* (<*oir*) 1765, *veint* (<*veeir*) 1999, 2802. In the first conjugation the commoner spelling is *ou*, but, to judge by the rimes, the author seems to have used *o* as well; on the one hand we find *volt* : *desirout* 5908 and on the other *pout* : *ot* (<*oir*) 3661, : *moniot* 4417, *sout* : *moniot* 4495; there are also rimes between strong preterites and first conjugation imperfects, for example *sout* : *dutout* 1081. From *estre* we have both *ert* / *erent* and *esteit* / *esteient* with no predominance of one form over the other, but only the second forms occur in rime.

In the future, and conditional, of first conjugation verbs with stem ending in *n* or *r* the shortened, assimilated forms are used: *durrai* 512, etc., *durrunt* 1832, etc., and its compound *pardurai* 3119, *merrat* 246, *merrunt* 534 and its compound *amerunt* 5233, but *amenerum* 4984, and *repairunt* 372 (possibly scribal only); we also have contraction after pretonic *ei* in *enveirai* 3111, etc., *enveirat* 1345, *reneireit* 3935; metathesis of *re* is found in *encumberrunt* 2495 and various assimilatory contractions result in forms like *conparez* 704, *deliverat* 100, 323, 330, 2454, *demorai* 878, *demustra* 1222, *enpeirreit* 5679 which have the appearance of other tenses. In the second conjugation we have the traditional forms of *guarir, murir* and *oir*; *enfrancherat* 99 and *enricherat* 3972 are probably scribal and *finerunt* 1751, 4571 is ambiguous. In the third conjugation we find intercalated *e* in *defenderunt* 5506, *perderum* 2197, *perderunt* 4290, *viverum* 5738 and also the form *desconferunt* 2496, but again these are probably scribal.

The preterite of *ester* is *estut* 2147 (not in rime), but *arester* has gone over to the first conjugation—*arestat* : *reliat* 5422—and its past participle rimes in *é*. The weak forms of *faire* show no intervocalic *s*—*feis* 5237, *forfeimes* 3894 and, in the imperfect subjunctive, *feisse* 5169, *feist* 1377, 6145 (*faist* 2652). *Murir* gives *morurent* 2070 (not in rime), but *morirent* (: *reperdirent*) 3033; *occire* gives *occistrent* (: *remistrent*) 5029 and *occirent* (: *ferirent*) 6091.

Among the weak past participles in *u* are *cremu* 2246, etc., *eissu* 3104, etc., *irascu* 1750, etc., but from *chaeir* we have only *chae(i)t* 1326, etc. and from *tolir* only *toleit* 3414, neither form in rime.

From *remaneir* we have both the traditional *remés* 1659, etc. and the later *remis* 3266, etc.; both forms occur in rimes, but it is interesting to note that the scribe has twice—1659, 2708—spoilt the rime by substituting *remis* for *remés*. The one quite irregular form is *devei* (: *respondi*) 4700.

C. *Syntax and Style*

The juxtaposed accusative expressing possession occurs frequently and follows the usual lines; the possessive term may be a personal name—*la nece Lavine* 23—or an individual of high rank—*la fille le rei* 543—and is generally in the second place, but the older construction is found in *le Deu comandement* 3184, *la Deu vertu* 5434, 5980. The construction with *a* also occurs—*le frere al rei* 201, etc.—and that with *de* in *pur la pour de lui* 4577 and in *Puis la guererent ses dous nevus, Les fiz de ses dous sorurs* 1459–60. Once the objective genitive is expressed by the juxtaposed accusative—*D'amur Igerne sui si espris* 6189. Occasionally the accusative is used in the function of a dative: normally with a proper name at 3757–8, 4019, exceptionally *le* for *li* at 1336, 1422, 3158–9, and, though sometimes nom. sg. in form, in the possessive construction with *estre*—*cil fust fiz Diocenis* 1483, *Fille Henges icele esteit* 4733, *Paschentius Ki fust fiz Vortigernus* 5812–13.

Especially in the plural, as *ces*, our author makes much use of the demonstrative adjective in place of the definite article as in *Si se mucent par ces guastines, Par ces runces, par ces espines* 3403–4; some half a dozen times he uses *cil* as in *Ben s'entreferent cil chevaler E cil sergant e cil archer* 2311–12; we find *cele* used thus in *Par cele mer s'en est turné* 3681 and *cels* in *Si s'entreferent sur ces escuz, Sur cels haelmes qui sunt aguz* 835–6, though this may be due to the scribe, for he seems to have used this form again in 3802, but with a feminine noun (cf. note).

The infinitive with *pur* to express purpose occurs at 463–4, 579–80, 5157, but the author seems to prefer *empur* in this construction, using it at 1097–8, 3406–8, 4449–50, 4454, 5667; comparison of

> Mult i trovent bois e deserz,
> Ewes duces e granz forez,
> Bone terre pur gainer
> A blez e pur vines planter   (971–4)

and

> Ci sunt les terres a gainer,
> A gardins, a vines a planter,
> Les ewes dulces pur pescher,
> Les bois, les landes a chascer   (3989–92)

suggests that the author did not distinguish carefully between *a* and *pur* in these constructions. The concessive use familiar in O.Fr. also occurs as in

> Gutlach li reis sovent s'escrie;
> Ne lessa pas pur perdre vie
> Ferement n'assaille la galie
> U dedenz esteit s'amie   (1557–60)

and also 2477–80, but the author uses a fuller expression as well to express the same idea: *Dit pur pour de perdre vie Le jur ne ferat coardie* (2551–2).

In order to denote the beginning of an action our author uses both *comencer* and *prendre* followed, except at 1097, by *a* before the infinitive. He has a slight preference for the former, but a difference in his use of them explains this. With three exceptions (2876, 4519, 5938) he uses *comencer* in the present tense, but *prendre*, again with three exceptions (1316, 2656, 2663), only in the preterite. As is well known, this construction often becomes a mere periphrasis in O.Fr., and in our text this is probably its value when it occurs in successive lines (*e.g.* 499–500) or in lines like *Mult vilement prist a tresbucher* 1199. On the other hand, when after the death of Brutus Ascanius *pur son petit frere honurer Prist la terre a governer* (19–20), when after the deposition of Elidurus his brothers *Le regne pernent a governer* (2066) and when after the death of Lud Cassibellanus *Ses fiz* (i.e. of Lud) *fist ben norir, La terre prist a governer* (2124–5), the emphasis is rather on the assumption of power.

The gerund is used to express an accompanying action, occasionally after *sei en turner* (923, 5491) and *venir* (1059, 1674, 3088) and frequently after *sei en aler*; its principal use, however, is to form a periphrasis with *aler* where it usually occurs in the rime; on the other hand the construction *estre* + present participle figures only occasionally in our text.

In subordination our author makes some use of parataxis, but more frequently employs conjunctions, though both methods may occur in the same sentence as in

> Coment que seit tant ad erré,
> En Normandie est arivé.
> Puis ad par France tant alé
> K'il ad la curt le rei trové   (1351–4).

Parataxis is found in noun clauses—*dient mes ne finerunt* 4571—and in consecutive clauses—*Ore unt tant par mer coru, En Aquitaine sunt venu* 663–4; after *pur poi* we have parataxis in *Pur poi d'ire tut vif ne desve* 1300, *Pur poi de ire n'est desvé* 3942, but the later construction with *que* in *Pur poi qu'il ne se desvat de ire* 6139. In apposition with noun clauses our author uses *ço* as in *Mais ço paise mei durement Ke n'estes crestiene gent* 4645–6 and also *iço* as in *Belins li reis d'iço est lez Ke sis freres ad si errez* 1573–4; less frequently we have *le* as in *Mult le tenent a grant folie K'il si quident mener s'amie* 1549–50; a single instance of *une ren* occurs—*Mais d'une ren mult grant joie ai : Que ma fille si ben durrai* 511–12.

Among the adjective clauses those introduced by the relative locution *u dedenz* are to be noted; our author uses it five times; thus, in speaking of the castles of Gorlois (here called Guerreheis):

> L'un en la mer esteit asis
> U dedenz sa femme ad mis;
> Tintagol fust cel apelé.
> L'altre est Dimilioc nomé
> U dedenz il s'en alat   (6168–72).

Turning now to the temporal clauses we find the commonest are those expressing contemporaneity, introduced by *quant* or *cum*; in addition to its normal comparative sense *si cum* is also used in this way—*Si cum li reis fust devorez, Son regne est a ses fiz remez* 1971–2, but has durative sense in *Si cum entre els vont estrivant, Uns arcevesques vint avant* 5644–5. This relation is usually expressed by *tant cum* and there is no example of replacement of *cum* by *que* in our text; of interest are: *Les fermetez unt demandé Ke li reis en sa main teneit Tant dementres cum il viveit* 4428–30 and *U il maneit en tel cruelté, Des lus salvages est devoré* 1141–2. Anterior duration is usually introduced by *tresque*, there being no instance of *desque*, but twice each we have *tant que* (1911–12, 5262–3) and *deci que* (431–2, 4571–2); the only conjunction used by our author to introduce posterior duration is *despuis que*.

Among the comparative clauses the equivalents of 'as quickly as possible' call for attention; our author's usual expression is *cum plus tost pout* which provides him with a convenient rime for *out* as in *Od la gent qu'il donc out Al chastel vint cum plus tost pout* 283–4; once we have *tant com il plus tost purrat* 2478 and once *si tost cum pourent* 2524; *plus* is seemingly omitted in *Del champ fuist cum tost pout A son poer od paens k'il out* 5410–11. Noteworthy is the tautological expression in Vortimer's farewell instructions:

> E cum jo serrai finez
> E de cest secle serrai alez,
> Sur rive de mer m'enseveillez
> Tant haut cum plus haut purrez   (4927–30).

Passing over to the conditional clauses we note the older construction for 'as if' in *Od les geanz soleit combatre*; *Si vilement les soleit abatre Cum fussent valez de ·xv· anz* 647–9 and *En bref terme l'ont si herbergé Cum tut dis i eussent esté* 989–90, but *com si* at 188; *pur ço que* (= 'provided that') is found once, with resumption by *que*, in

> Maximien si ad mandé
> K'il li durrat tut cest regné
> Pur ço qu'il seit son feeil
> E qu'il en siuie son conseil   (3757–60).

Concession is expressed paratactically in *Volsissent u nun lur estut fuir* 256; it is introduced by a generalizing word, pronoun in *Pas ne lereit pur perdre vie, Quelke ço seit sens u folie* 2479–80, adjective in *Quel part que nus turnum, Nostre despense od nus portum* 3897–8, adverb in *Coment que seit tant ad erré, En Normandie est arivé* 1351–2. Twice we have *tut* + subjunctive: *Li reis ad asez perdu, Tut eit il le champ vencu* 1613–14, *Nennius se fet mult lé, Tut seit il un poi nafré* 2345–6. *Tant amat Locrins la tuse K'il en eust fait sa espuse, Ne fust Corineus li reis* 1071–3 contrasts with *Kar meuz amast la bataille, Si des sons ne fust la faille* 3907–8 (and also 3438–40, 3509–10). More complex is the construction in

> Ja seit iço qu'il ço feseit,
> Si out itel ki ben lui dit
> Ke li reis par lui fust occis,
> Quele vengance q'en ert pris   (4551–4),

where we have two separate concessive clauses of differing meaning.

Reverting to the noun clauses there are two types which, though not of syntactical importance, yet form a noticeable stylistic feature in our text. The first is a line introduced by *sac(h)ez* to give the author's comment on a statement; usually this precedes as in *Mult en sunt leez e joius, Sachez ne poent estre plus* 3555–6, but once it follows —*Sachez que mult en fut lez Dioneces cum vit le bref* 4049–50; the second is a third-person form of *dire* to introduce an indirect statement by a personage in the narrative as in *Brennius . . . Dreit a Rume s'en alat, Dit ke de Rumeins se vengerat* 1757–60.

We have already noted (p. xiv) that our author is content to offer a workmanlike translation; consequently we shall not expect a great display of stylistic ornamentation. Twice he employs a favourite mediaeval device—a form of understatement: *Lubiens out a nun li Romeins, Unc chevaler ne fu meins vileins* 2357–8, *La dameisele out a nun Heleine, Unc ne fust nule meins vileine* 3591–2; he shows a certain fondness for a neat antithesis: *Cil sunt lez de sa venue, Dolenz de sa descovenue* 1091–2; for posing a dilemma, as Ragau does to Leir when demanding a reduction of his retinue: *U avant le vus ferez U de ci vus turnerez* 1297–8 (cf. note); and for phrases involving verb and cognate object: *Quant vus me orrez mon corn corner* 401, cf. 415, and particularly *dons doner* as in *Mult riche dons si lur donat* 2408, etc.

The salient feature of his style, however, is repetition, which shows itself in various ways. Occasionally a word at the end of one line is repeated at the beginning of the next—*Asez i ad des retenuz; Retenuz i est Antigonus* 260–1 (cf. 1426–7)—or we find chiasmus—*Constantin l'emperur Les receveit a grant honur, A grant honur les receveit* 3621–3 (cf. 5395–6); phrases are repeated: *sur rive de mer* 2147, 3812, 4879, 4929, *la novele espandu(e)* 3551, 3569, 3671, 4133, 5852 and *or e argent*, which as *aurum et argentum* is frequent in his source, 443, 461, 478, etc.; so are single lines: *Ne s(e) esparnient de n(ei)ent* 220, 1596, 2302, 2754, *Vent unt bon e a talent* 964, 1444, 2515, 2733, 3395. Two of his repetitions are of greater interest. Geoffrey of Monmouth tells how Dunwallo Molmutius *fecit sibi diadema ex auro* (II, 17) and this our author renders by *Corune de or fist aprester* 1495, the first occasion on which the noun is used by him; on five subsequent occasions (4159, 4392, 5794, 6117) he uses the phrase *corune d'or* with *coruner* where the *Historia* uses *diadema* in connection with accession to regal power—at 4421 there is no gold—and again at 3660, where Geoffrey of Monmouth says merely that Octavius *solio regni . . . est potitus* (V, 8), our author has *De corune d'or se corunat*. In the *Historia* Mempricius advises the Trojans not to stay in Greece, arguing *numerus eorum cotidie augebitur, uester uero minuetur* (I, 10) which our author renders by *Lur linage tut dis crestra E la nostre decrestra* 473–4; again in the

Historia after the burial of Turnus at Tours the decision is taken not to stay in France *quia numerus suorum cotidie minuebatur Gallorum autem semper multiplicabatur* (I, 15) which our author renders by *Cil del pais recrestrunt, Li nostre tuz decrestrunt* 945–6; on two further occasions (2371–2, 2559–60) he uses the same antithesis, though there is nothing corresponding in the *Historia*.

Another type of repetition, this time of form rather than of matter, is also a feature of our author's style: triadic groups. He may be enumerating peoples—*Mut sunt hardi li Peitevin, Li Gascon e li Angevin* 735–6 (cf. 5322–3); persons—*Ben s'entreferent cil chevaler E cil sergant e cil archer* 2311–12 (cf. 145–6, 1441–2, 1809–10, 2253–4, 2467–8, 3609–10, 5636–7); topographical features—*Idonc fuient par ces guastines, Par ces deserz, par ces gualdines* 5496–7 (cf. 135–6, 3403–4); places—*Cum aveie les riches citez, Les chastels, les fermetez* 1331–2 (cf. 1531–2, 3977–8, 4129–30, 5318–19, 5330–1, 6000–1); various adverbials: *Maistre esteit de fisike, De astronomie e de musike* 1195–6 (cf. 1549–52) and *Ben l'estorat de riches turs, De bons paleis e de haulz murs* 1507–8 (cf. 1385–6). It will be noted that some of the groups are repeated with slight variations and this adds to the impression already formed that our author liked to make the most of what he thought was a useful turn of phrase.

D. *Vocabulary*

Our author does not indulge in long and detailed descriptions, so it is to be expected that his vocabulary will show a certain lack of colour. Some general features are to be noted. He makes frequent use of adverbs in -*ment* which not only provide him with easy rimes, but also, in the case of longer ones, with convenient half-lines. He makes use of the O.Fr. facultative addition of *re-* to verbs, usually to indicate repetition of an action, e.g. *recoruner* 2049, 2072, 4947 which refer to kings who had been deposed and were made king again, or performance of the same action by a different person, e.g. *remander* 4299, 5732 where, a message having been sent, the reply is being indicated. Even more pronounced is his fondness for *entre-* to emphasize reciprocity—Dinabutius and Merlin *s'entredient grant vilté* 5085, and *s'entreferir* occurs repeatedly in his accounts of battles.

Interesting is the use of title-words in our text. *Sire* is found frequently in address, either alone or in phrases—*sire reis* 1412, 3737,

4851, *sire emperur* 2893, *bel(s) sire reis* 4319, 4639, 5372, *bel sire dux* 2807, *bels sire amis* 3981, but only once with a personal name—*sire Uther* 5946. *Dame* occurs twice coupled with *Fortune* 275, 1335 and once with *Diane* 587. *Dan* is always respectful, being used of leaders (Brutus, Brennius, Julius Caesar), ecclesiastics (Gildas, Guitelin) and heathen gods (Mercury, Woden); sometimes when names are paired metrical reasons would appear to account for its absence before one or other; thus beside *Dan Gilleman e dan Paschent* 5968 we have *Mais Gilleman e danz Paschens* 5982 and earlier, with brothers, *Dan Margan e Cunedage* 1461 and *E Catigern e danz Paschenz* 4802.

In common with other writers of his time our author makes use of a number of clerkly words, but one or two seem rather to be merely borrowings from Geoffrey of Monmouth. Thus, in describing the conversion of Britain under Lucius he refers to *flames* (3309, 3311) and *archiflames* (3310, 3312), but it is permissible to wonder whether they had any real meaning for him in view of his treatment of another word. Earlier he had told us how Brutus' scouts on the island of Leogence had found an ancient city and *une temple dame Diane* 587, but Brutus, *cum vint a l'us de l'eglise, A la deuesse fait sacrefise* 599–600; later the messenger sent, after his arrival in France, by Lear to Cordelia *la reine ad trové Privément en une eglise U a ses deus fet sacrefise* 1360–2; by the time of Lucius the temples have become *mahumeries* 3307, doubtless under the influence of the chansons de geste.

Two quite common verbs are used by our author in a rather special sense. *Escrier* figures regularly in his battle scenes and refers to an attack accompanied by war-cries, e.g. Brutus lays an ambush for Pandrasus and his Greeks who pass unsuspectingly through a defile, *Mais cum il sunt ultre passé, Mult leidement sunt escrié* 177–8, and later Brutus moving out at dawn from Tours in which he is besieged *De tutes parz escriat l'ost* (*sc.* of the enemy) 902 and, as prearranged, Corineus bursts in on their rear *Sis escriat od tut les sons* 916. *Herberger* is frequently used in our text to connote occupying, cultivating and settling a land, e.g. the island of Leogence which *fu ben ja herbergee, Ore est gaaste e desertee* 573–4, similarly Albion *De geianz fut anceis herbergee, Lors est gaistes e desertee* 969–70, but Brutus and his followers

La terre vont dunc saisant,
Espessement la vont herbergant,
En bref terme l'ont si herbergé
Cum tut dis i eussent esté   (987–90).

Several unusual words or senses deserve mention. Brutus finds descendants of Helenus in servitude in Greece and they *Par lui furent puis esilee E de servage tut deliveree* 55–6, where *esiler* cannot mean 'exile', but only 'take to another land'. After the Walbrook massacre our author tells how

> Par tut le mond fust espandu
> A icel terme e fust cremu
> La heresie Dioclecien
> Ki turmentat maint crestien   (3521–4),

where *heresie* can only refer to the persecution under that emperor though later the word is used correctly of *l'eresie Pelagiens* 4810. Apparently unrecorded are *geinz* 'unexpectedly' 915*n*, 5942, *mester* 'sadden' 2633, *tresbeit* 'pretext' 475*n*; *sultane* 588 can hardly be the Mod.Fr. word, for that is unattested before the sixteenth century, and Professor Reid suggests an arbitrary coinage for the rime, perhaps with *soltain* and similar words in mind; possible ghost-words are *mance* 1191 and *ogesurs* 1406, both of which are discussed in notes.

E. Versification

We have seen that our author does not rime carefully and a glance at the first hundred lines is sufficient to reveal that many lines are incorrect by Continental standards. Normally, in a work preserved in a single manuscript, it is useless to try and distinguish between author and copyist in this respect, but here we have a little help. Firstly, our text is prefaced by fifty-two lines from Wace's *Brut* written by the same scribe, and it is interesting to compare the number of incorrect lines in that section with the number in the first fifty-two lines of our text, though, as J. E. Matzke pointed out long ago in his edition of Simund de Freine (S.A.T.F., Paris, 1909, p. lix), such figures 'n'ont pas une valeur absolue, et si le même compte était fait par un autre et sous un autre point de vue, le résultat pourrait varier'. Of the lines from Wace, 38 are rendered correctly (as to syllable count), 8 are too long—6 having nine, and 2 ten, syllables, and 6 are too short, having only seven syllables; in the corresponding length from our text there are only 22 correct lines, 10 are too long—9 having nine, and 1 ten, syllables, but 20 fall short by one syllable: this does at least suggest that the two

c

texts differ in respect of syllable count. Secondly, we know our author's love of repetition, so when, as for instance in *De corune d'or se corunat* 3660, 4159, 5794, 6117 and in *De corune d'or l'ont coruné* 4392, 5997, a nine-syllable line results, we must conclude that it was acceptable to the author.

Examination of the first 1000 lines of our text reveals 82 lines of nine, and 9 of ten, syllables; in addition there are 42 lines with extra-metrical unstressed *e* after the fourth syllable, as in *Par ces gastines, par ces deserz* 136; it is true that some could be made correct by assuming a contraction, as in *De son reialme l'ad herité* 4, *E d'un reialme serrat seignur* 34, but it would be arbitrary to do so.

In the same section are 184 lines of seven, and 6 of six, syllables and also 25 lines which show seven syllables in the manuscript, but could easily be corrected, whether by supplying a missing atonic vowel or by accepting grammatical hiatus. To instance: the line *Si sunt del cri esponté* 919 becomes a correct octosyllable, if we adopt the older form of the verb. There are five other occurrences of the verb in our text—*Ki mort quide esponter* 4940, *Pur neient erent esponté* 4968, *Ki mult erent esponté* 5311, *Trestuz en sunt esponté* 5930, *Li altre se sunt esponté* 6087; if we accept hiatus in 4940, as we can, if we accept *neient* in 4968 as a monosyllable, and that form is used by the author, and if we substitute *en* for *se* in the last example, we should have correct octosyllables by giving the fuller form to the verb. The forms with -*pont*- can be due to the scribe, for where the fuller form of the verb occurs in the *Estoire des Engleis*—*Li cheval s'en espoentad* 4034—our scribe uses the shorter form and introduces it mistakenly in l. 256 of that same text. Again, the line *En haut commence a crier* 144 will have eight syllables, if we accept grammatical hiatus, but here two interlocking questions arise: did the author admit the hiatus and did he retain in spelling the final dental which justifies it? In addition to the line already quoted there are thirteen other lines in which *commence* is followed by *a* and an infinitive; of these three—124, 1323, 2293—give a correct octosyllable if elision is accepted, seven—326, 499, 500, 806, 1304, 2655, 5220—are correct if hiatus is accepted; there are three doubtful instances: *Ore me comencet a prier* 2874, where *ore* as disyllable would favour elision; *Juvente comence a asembler* 3392, where omission of *a* (cf. 934) secures a correct count; *Li reis forment comencet a rire* 5696, where elision secures a correct count. It is curious that apart from the lines just cited there are only four lines in which acceptance of the hiatus, without any other change, will result in a correct octosyllable: *Meis forment plure Ignogen* 558, *Ço li delitet a veeir* 1954, *Cum cil qui ne trovet ami* 2020, *Puis si mande a son nevu* 2645. It will be noticed that two of the lines just quoted show retention, as *t*, of the final dental. There are in all 28 such instances in our text, but only in ten does the question of hiatus arise. They divide as follows: five—1338, 1954, 2020, 2655, 2829—give eight syllables, four—282, 601, 1276, 5696—give nine syllables, if hiatus is accepted; one—2874—is doubtful. It would seem that our author knew of the hiatus and used it at choice, but whether he actually retained the final dental in spelling cannot be determined.

Our author is familiar with the older rule of the couplet and in general observes it, but occasionally the second line is little more than padding, as in *Le rei saluent gentement E lui e tute sa gent* 4601-2. Infringements are not infrequent; mostly as in *Vortigern mult les amat Par semblant e honurat* 4485-6 which scarcely attracts attention; a somewhat bolder use is found in

> Mult grant gent lui estut mener
> U lui surdreit tost encombrer
> De cels qui l'unt guerreié
> Tut dis, le romein sené   (3885-8);

perhaps the only one which would have been avoided by a really careful poet is *Peres i trovent com Merlins Lur ad dit qui fust divins* 5750-1.

When the second line of the couplet begins with an adverb in *-ment* and this is followed by *si* and a verb, it is not always easy to decide whether or not we have enjambment. To instance: speaking of Brutus' father, Silvius, our author tells us *La nece Lavine amat Privément si l'enceintat* 23-4, where the adverb could be construed with either verb, but a later couplet, relating to the conception of Merlin—*Icist tant me douneat Priveement qu'il m'enceintat* 5138-9—leads me to prefer overlap in the earlier one. Of greater interest is the increase in the number of such infringements in the latter part of the work; it is impossible to specify a dividing line, but in the last 2000 lines there are some fifteen instances, whereas previously I find barely half-a-dozen; it looks very much as if the author was learning his trade and becoming more flowing in his composition.

5. DATE

There is no clear-cut reference to outside events which would help to date our text and it is normally difficult in A.-N. to do so purely on linguistic grounds. Nevertheless there are certain non-linguistic indications which enable us to give an approximate date. Firstly, kings and other rulers are, for our author, literate; thus Pandrasus, having received a note from Brutus, *Le seel esgarde de tute parz, A la parfin brusa la cire, Le bref dedenz comence a lire* 122–4; this was not generally true of English kings until late in the twelfth century. Secondly, Mycenae in Greece and Messina in Sicily are definitely confused in our text (525–32, 556), and during the Third Crusade the latter port was much in the news. Thirdly, in his account of the begetting of Arthur, Igerne's husband is named, not *Gorlois* as in the *Historia*, but *Guerreheis* (: *reis* 6055, 6118, 6226), evidently under the influence of the Arthurian romances which developed towards the end of the twelfth century.

These considerations suggest a date not too far on in the first third of the thirteenth century, and the relevant linguistic evidence confirms this. There is complete confusion of *é* and *ié* (p. xx), *ai* is in rime with *ei* and also with *e* (p. xx), and *l* is either vocalized or effaced (p. xx); if the author rimed *é* with *ee*, this development was in its early stages (cf. 937*n*). No analogical *e* is added to the first person singular of the ind. pr. of verbs in -*er* and the third persons of their ind. imp. are still distinct, though one or two instances of confusion occur; stressed third person plural endings are found in rime (p. xxiv), and both *remés* (only in rime) and *remis* (in rime and elsewhere) are used as the past participle of *remaneir*, though the scribe twice (1659, 2708) replaces the former by the latter to the detriment of the rime. These are all developments reached by the first third of the thirteenth century, and to this same period point the survival of the negative expletive *gens* and the imperative *faimes*.

6. ESTABLISHMENT OF TEXT

As our text has survived in a single manuscript, that text must form the base of the edition, and it only remains to state briefly how I have treated it. The narrative is divided into sections by capitals, which I keep, and also into subsections by a paragraph mark in the margin; these seem to be added rather haphazardly, so I have omitted them.

Capitals are introduced where required, punctuation supplied, *i* and *u* distinguished from *j* and *v*; an acute accent is placed over final stressed *e* to distinguish it from the feminine *e*, though this has the unavoidable result of appearing to confine *regné* to the rime, it being, unfortunately, rarely possible to differentiate it from *regne* in the body of the line; an acute accent is also placed over the weak third person plural ending of verbs in the few cases in which it is stressed; where *w* clearly represents *vu*, as in *wnt = vunt*, I have so printed it without mention; other contractions are expanded normally. In view of metrical uncertainty I have not employed the diaeresis.

The scribe is inclined to omit letters and these are supplied between square brackets, as *Ma[r]ius* 3648, but *Mari[u]s* 3249, without further mention; where anything more is involved, the rejected reading is given at the foot of the page. The scribe frequently contracts the ending of the third person plural of the imperfect in -*ei*-; though I have found no convincing evidence that the author does so, I retain the spelling; similar contractions in other verb forms, being more liable to mislead, are corrected.

The passages in italics, taken from the Royal MS, situate the interpolation in the context of Wace's *Brut*.

AN ANGLO-NORMAN BRUT

Ki volt oïr e volt saver
De reis en reis e de air en air
Ki cil furent e dunt il vindrent
Ki Engletere primes tindrent,
Quels reis i ad en ordre eü,
E ki ainceis e ki puis fu,
Meistre Wice l'ad translaté
Ki en cunte la verité.
Si com li liveres la divise,
Quant Greu ourent Troie prise
E exillé tut le païs
Pur la vengance de Paris
Ki de Grece out ravi Eleyne,
Duc Eneas a quelque paine
De la grant occise eschapa.
Un fiz aveit k'il amena
Ki aveit a num Ascanius;
N'aveit fiz ne fille plus.
Ke de parenz, ke de meisnees,
Ke d'aveir out vint nefs chargees.
Par mer flotad longement;
Meint grant peril e meint turment
E meint traval li estut traire.
Enaprés long tens vint il en Ytalie;
Itaile esteit donc apellé
La terre u Rome fu fundee.
N'i ert de Rome uncore nule chose,
Ne fu il pus de grant pose.
Eneas out mult travaillé,
Mult out siglé, mult out nagé,
Meint grant mer out trespassé
E meinte terre aviruné.
En Ytaile esteit venuz a rive
En une terre mult plentive,

1

La u li Taiveres en mer chet
Bien prof d'iloc u Rome siet.
Latins, un rei, ki iloc maneit,
Ki cel regne en peis teneit,
Riches hom ert e mananz asez,
Meis veliz estait e trespassez.
Il ad Eneam mult honuré   *41a*
E de sa terre lui ad doné
Grant partie sur la marine;
Estre le gré a la reine
Lui pramist sa fille doner
E de son regne a heriter.
N'aveit fors lui enfant ne eir,
Aprés lui deveit tut aveir.
Sa fille ert mult bele meschine,
Si ert apelé Lavine,
Mes prendre la deveit Turnus
Ki de Tuscane ert sire e dux.
     Li reis Latins l'ad herbe[r]gé   *41a.13*
  E mult forment l'ad honuré.
  A la parfin pur sa bunté
4 De sun reialme l'ad herité
  E sa fille lui donat.
  Li dux Eneas espusé l'ad,
  Mais son seignur out ainz occis,
8 Turnum le rei ki l'aveit pris.
  Lavine out nun la dame,
  De sa beauté fut mult grant fame.
  Eneas out de li un fiz
12 Ki puis fut reis poestifs.
  Einz ke la dame eust enfant,
  Morz fut Eneas li vaillant;
  Treis anz fut reis poestifs,
16 Plurent lui tuit cil del pais.
  Un fiz out od sei amené,
  Aschanies fut cil apelé,
  Ki pur son petit frere honurer
20 Prist la tere a governer.
  Un fiz Aschanes out, Silvius,

Bacheler mult orguilus.
La nece Lavine amat
24   Privément, si l'enceintat.
Aschanius oid la nuvele,
Mult par fut lé de la novele,
Tost a ses devins fit aler
28   Pur lur sens espermenter.
Ço dient tut en divinant:
Enceinte est d'un male enfant
Ki piere e mere ocirat,
32   Par plusurs terres debatee frat,
A la parfin averat honur
E d'un reialme serrat seignur
E ert chef d'un parenté
36   K'en Europe ert reduté.
En la neisance de l'enfant
Trestuz furent mult dolant;
El delivrer murut la mere,
40   Quinze anz aprés occist son pere;
Nun gens de son propre gré,
Mais en bois furent alé,
Un cerf quidat ben berser,
44   Son pere ferit parmi le quer.
      Brutus out nun le bachelers;
Mult lui crurent granz encumbre[r]s,
Pur ço sil chacerent del pais,
48   Mult fut haiz de ses amis.
Dreit en Grece s'en alat;
Des Troiens iloc trovat
La lignee danz Elemi
52   Ki fut fiz reis Priami.
Mult fut lez de cele gent,
Quant sout k'il furent si parent;
Par lui furent puis esilee
56   E de servage tut delivere[e].
Brutus esteit pruz e corteis
E saveit asez de leis;
Chivalers ert de grant honur,
60   Plein de bunté e bon dunur.

41b

Il lur demande cumfaitement
Il sunt serf a cele gent.
Cil respondent: 'Jal saverez.
64 Un sul petit nus escultez.
Quant Achilles li reis fut morz,
Pirrus, sis fiz, a grant esforz
L'alot venger mult vivement;
68 Asez i prist de nostre gent.
Cels qu'il i prist ça les amenat,   41c
Ses serfs estre comandat.
Des icel tens avum servi,
72 Dolenz en sumus e marri.
Mes ore si vus nus volez aider,
Trestuz nus purrez deliverer
Del servage e del turment
76 Ke avum suffert tant longement.'
    Brutus respont mult ducement
E si lur dit: 'E jo coment?
Ne sai engin nul purpenser
80 Com vus puise delivere[r].'
Ceo respondent li Troien:
'Nus le savum, sil dirrum ben.
De vus ferum sire sur nus,
84 Si en serrez e reis e dux.'
Respont Brutus: 'Cum ert ço fait?
Car nus n'i avum nul receit
En ki nus pussum fier,
88 Si nus estut guereier.'
Uns Troiens saillit avant,
Asarac out nun, mult vaillant,
Cil dit al duc mult gentement:
92 'Treis chastels ai, si vus present,
Cels treis chastels vus liverai
E vostre hume lige devendrai.
N'en ad si bons de ci que a Tir,
96 Ben vus en purrez meintenir.'
Idonc trestuz comunalment
Seignur en funt a lur talent.

98 talent *with* e *corrected from* a

Des ore les enfrancherat
100 E de servage les deliverat.
  Quant Brutus veit que il est reis,
  Entr'els establit ses leis;
  Puis si vait guarnir ses chastels
104 E tels i met qui sunt leus.
  Quant ses chastels out ben fermé
  E a ses chasteleins livré,
  En grant deserz donc s'en turnat
108 E les altres od sei menat.
  Mult menat od sei bele gent,
  Tuz chivalchent serrément;   41d
  ·Vii· mil furent combatanz
112 Estre femmes e enfanz.
  Quant en deserz sunt herbergés,
  Brutus li reis fist faire un brefs;
  Al rei Pandrase l'enveiat,
116 Tut son corage li mandat.
  Pandrasus fut reis poestifs
  Sur tuz iceus de icel pais,
  Mais mult forment s'esmerveillat
120 Del bref que Brutus l'enveiat.
  Li reis sout assez des arz,
  Le seel esgarde de tute parz;
  A la parfin brusa la cire,
124 Le bref dedenz comence a lire.
  Mult tost vit le mandement
  Ke Brutus fet tant ferement
  Des Troiens ki sunt franchi,
128 Ki tant longement l'unt servi.
  'Serf unt esté trop longement
  E sis avez traité vilement;
  N'esteient pas del parenté
132 Ki si dussent estre treité.
  Des ore en avant volent franc estre,
  Issi cum furent lur ancestre
  E maindrunt en ces forez,

119 sesẹm.

136 Par ces gastines, par ces deserz;
    U si ceo nun, sil me mandez
    E bonement congé donez,
    En altre terre en irrum,
140 U franchement vivre purrum.'
    Li reis out lit le mandement,
    Al quer out grant marrement.
    Quant mes ne se pot receler,
144 En haut comence a crier:
    'Mult me hunissent mes culverz,
    Mes paltuners, mes malveis serfs,
    Entr'els se volent franchir,
148 Mais jos frai tuz culvertir.'
    Ore ad li reis tut son host bani;
    Cil qui ne veint si est huni.
    Puis si chivalchent serément,   *42a*
152 Brutum manacent e sa gent.
    Dunc vu[n]t aseger un chastel
    Ki mult esteit bon e bel;
    Spartane fut cil apelé,
156 Entre les Grius mult reduté.
    Brutus oit cest' aunee
    E quel part ele est turnee.
    Cuntr'els v[i]nt vivement
160 Od treis mile de sa gent.
    Li dux est a son chastel venuz
    Od treis mile de ses druz.
    Assez i lesse bone gent
164 E sil guarnist ben gentement.
    Puis si chivalchat mult tost
    Contre le rei e contre son host.
    Volunters les damagereit,
168 S'il poust, a aucun destreit.
    Enbusché sunt en un destreit
    Par unt l'ost passer deveit.
    Iloc atendent celément
172 Le trespas de cele gent.
    Li Griu venent tut asseur
    E de nuli nen unt pour;

Partut se vunt esparpeillé
176 Com gent ben aseuré.
Mais cum il sunt ultre passé,
Mult leidement sunt escrié
E ferent les de tutes parz
180 Li Troien des muluz darz.
Desarmé furent li Grui
E de l'assaut tut desguarni;
Pur ceo nel poent suffrir,
184 Ainz lur estuit le champ guerpir.
Li Grui s'en vont partut fuiant,
Li Troien les vu[n]t pernant,
Ocient les par ces deserz
188 Com s'il fussent bous u cerfz.
   Brutus veit s'enseigne criant
E les sons ben amonestant;
Tresque un' ewe les vont chasant
192 Ki ad a nun Acalon le grant.   *42b*
En cel' ewe unt mult neiez,
Mult en i out des perillez,
A bans se ferent enz
196 Pur la pour des Troienz.
Li reis fuit vilement;
Unc ne prist garde de sa gent
Kar tel pour out de murir,
200 Unc ne quidat a tens fuir.
Le frere al rei, Antigonus,
Ki mult ert chevalerus
Anaclete son compaignun
204 Acena od son gunfanun.
Od els sailent ·m· e ·v· ·c·
Ki mult sunt pruz e cumbatanz.
Cil ne larrunt pur pour
208 As Troiens ne rendent estur.
Mult ferement les vunt ferir,
Ne funt pas semblant de fuir,
E des lances e des espees
212 Donent li Griu mortel colees.
   Cum Brutus les vit contrester,

S'enseigne ne volt pas ublier,
Escriat se mult ferement,
216 Entur sei reliat sa gent.
Dunc veissez un grant estur,
Cum s'entreferent cil justeur,
Egrement se vunt entreferant,
220 Ne se esparnient de neient.
Antigonus veit par le champ,
Les Gruius veit ben amonestant;
K'il consiut od le fer trenchant
224 De mort ne pot aver garant.
Un chivaler vit devant sei
Ki pas nen ert de cels al rei;
Il traverse, sil ferit,
228 L'aume del cors lui departit.
Brutus li dux i vint poignant,
Antigonum i fert demeintenant,
Si que lui e son cheval
232 Tut abatit enz en un val.
Quant ceo vit Anacletus,   42c
Si compainun qui mult ert pruz,
Pugnant i vent a l'encuntrer,
236 Quidat le fere remunter.
Donc apelat ses compaignuns,
Tuz les meillurs, e par lur nuns:
'Veez a terre le frere le rei,
240 Nel guerpisez a tel desrei.'
Brutus oit la parole,
Sacez que mult lui sembla bone;
Pugnant i vint ignelement,
244 Sur lui chait delivrement;
S'il pot, mes n'eschaperat,
Mais tut vif l'en merrat.
Li Grui se peinent del delivrer,
248 Li Troien de l'encumbrer.
[M]ult s'entredunent grant colees
D'ambes parz od les espees.

236 frere   249 ult; *initial rubbed*

Chescon volt le son delivrer
252 E l'autri volt encumbrer.
Li Troien sunt ben armé
E li Grui sunt prof tut desarmé;
Pur ceo si nel poent suffrir,
256 Volsissent u nun lur estut fuir.
Ore s'en fuient tut a desrei
Kar mult sunt mis en grant effrai.
Ore sunt li Grui morz e vencuz,
260 Asez i ad des retenuz;
Retenuz i est Antigonus
E sis compainz Anacletus;
·v· c· i ad que morz que pris
264 Dunt mult en peise a lur amis.
Quant Brutus ad le champ vencu,
A son chastel en est venu,
De sis ·c· humes l'ad ben garni.
268 Puis si s'en est tost departi,
As granz deserz dunt s'en alat,
Ses prisons od sei menat.
Ore vout les sons revisiter
272 K'il aveit lessé l'altre her.
Trestuz sunt lez de sa venue,
Femmes, enfanz, la gent menue,
E mercient dame Fortune
276 De si gentil aventure.
Idonc demande ses prisons,
Des plusurs prent rançons;
Antigon e son compaignun
280 Feit ben garder en sa prison.
Memes la nut Pandrase le rei
Tuz ses fuianz reliet a sei.
Od la gent qu'il donc out
284 Al chastel vint cum plus tost pout.
Brutum quidat ben dedenz trover,
Lui e tuz ses prisuner
Qu'il out pris le jur devant
288 A l'enchaz ki mult fu grant.
Idunc erent mult sagement

42d

En trois parties parti sa gent.
Les uns fet le chastel asaillir
292 Qu'il ne se puissent fuir;
Li altre aprestent les enginz
Dunt li chastel ert asailliz
E conrei font aprester
296 Ke cil de l'ost dourent manger;
La terce part funt comander
K'il deivent l'ost par nuit guaiter
Que dan Brutus a nul sens
300 Par nut puisse sucurre as sons.
Mult gentement sunt cil asis
E nut e jur sunt asailliz.
S'il n'unt sucurs hastivement,
304 Tut i murrunt a grant turment.
Cil del chastel espessement
A cels de l'ost funt marrement,
Kar plusurs fez e espessement
308 Sur els funt envaiement,
Meis nepurquant a la parfin
Veient que nel poent suffrir.
Lur estre mandent a lur gent
312 Par un message privément.
    Brutus oit le message.
Dolenz en fust en son corage
E nul engin ne set purpenser
316 Coment il lur puisse aider
Kar cil se funt si ben gaiter
Ke par nut nes poet damager;
De l'altre part n'at le barnage
320 Ki de jurn lur face damage.
A la parfin se purpensat
Que tel pleit enginnerat
Ke ses homes deliverat
324 E les Grius encumbrerat.
Anaclete fist demander,
Od lui comence a parler
De duos choses fere choisir,

43a

327 choiser

328 U del viver[e] u del murir,
    Kar, s'il volt, la vie avrat,
    Son compaignun deliverat
    E tuz icels qu'il voldrat,
332 Mes il ço face que li dirrat
    'E si ne faiz ma volunté,
    Murir t'estot a grant vilté
    E Antigonum ton compaignun
336 E tuz Grius que nus a[v]um.'
    Effraez fut Anacletus
    D'iço que dit li ad lui dux.
    Meuz voil[t] vivre que murir,
340 Dit que il frat tut son pleisir.
    Sur ses idles lui ad juré
    Ke devant li sunt aporté
    Pur nule ren qu'il ne larra
344 Qu'il ne face quanqu'il voldra.
    Li dux lui ad aseuré
    E sur ses idles lui ad juré
    Ke delivres ert Antigonus
348 E tuz les altres compaignuns.
    Cum si s'en sunt entreasseuré,
    Li dux lui ad trestut mustré
    Cum vot par lui les sons delivrer
352 E ces de l'ost volt encumbrer.
    'Ore vus en irrez mult tost
    As gardeins qui gardent l'ost,
    Si lur dirrez pur verité
356 De prison estes eschapé,
    Le frere le rei, Antigonus,
    Eschapez est ensemble od vus,
    Meis liez est e vus delivre,
360 Pur [ço] ne vus poet pas sivre;
    De granz boies est si chargez
    E des chaenes dunt est liez
    K'il ne pot avant aler
364 Ne nus nes poemes depescer;

43b

337 Antigonus
D

Il est remis el bois tut suls,
Vus estes venuz pur sucur;
Quant sul nel poez amener,
368 Vengent i tuz pur vus aider.
Ore vus penez d'eus amener,
Jo penserai de l'encumbrer.
Jo quid que cil ki la vendrunt
372 Ja lez ne s'en repairunt.'
Ore se departent del conseil,
Li dux le baise cum son fael.
Anaclete s'en turna tost,
376 Unc ne fina, si vint a l'ost.
La nuit est aukes serie.
Cil de l'ost nel sevent mie,
Com lur gardeins sunt deceu
380 E sunt tut pris, morz e vencu
Car il est venuz desqu'als gardeins,
Deceu les ad trestuz par sens;
Ensemble od lui se sunt meuz,
384 Tresque la forest en sunt venuz.
Com il les sivent par ces bussons,
Li Troien si saillent sus
Ke Brutus i out amené,
388 Sis unt tuz pris e detrenché;
Unc n'i out un qui eschapast
Ne qui e[n] l'ost le nunciast.
Brutus si rapele sa gent,
392 Od els parole privément.
'Seignurs,' fet il, 'ore m'escutez.
A cel ost tost en alez,
Par ces rues vus espandez
396 Meis mult coiment le facez;
E quant en l'ost serrez venuz
E par ces rues espanduz,
Gardez que a nuli forfacez
400 Tresque a l'ure que mon greille orez.
Quant vus me orrez mon corn corner,   *43c*
Idunc pensez de l'encumbrer;
Tuz icels que vus encontrez

404 Od les espees les detrenchez.'
Li dux veit devant sa gent,
Cil le suent coiement;
Si sunt en l'ost tut espandu
408 Ke nul n'en est aparceu.
Brutus chevalche al tref le rei,
Mult bone gent amena od sei.
Com la vint, a pé decent,
412 El tref s'enbat ignelement,
Le rei ad pris tut en dormant.
Puis si sona son olifant.
Cum cil oient le corn corner,
416 Si se comencent a escrier.
Li Grui si sunt mult effraez,
Hidusement sunt esveillez,
De lur liz sailent tuz nuz.
420 Cil les ferent [d]es espees aguz,
Dedenz les liz les vunt tuant,
Od les espees detrenchant.
Tel i ad qui suef est mort,
424 La est occis u il se dort.
Li chastelein oent l'efrei,
Hastivement conraient sei,
De lur part funt l'envaie
428 Sur cele gent esbaie.
Mult en i ad de decolez
Eienz qu'il seient esveillez,
Ne sevent qu'en l'ost est venu
432 Deci qu'il sunt en enfern venu.
A ces qui poent eschaper
Si resunt grant encumbrer;
Par ces roches vunt trebuchant,
436 Braz e quises vunt pesceant.
Brutus li dux ad pris le rei,
Enz el chastel le mene od sei.
Iloc le feit mult ben garder,
440 Tresque il vit qu'il fut jur cler.
Ses conestables dunc apela,
A cels de l'ost par els manda

       Qu'il preissent l'or e l'argent,
444 A son os ne voleit nei[e]nt.   *43d*
       Donc feit ensevelir ses morz.
       Quant ço ad feit, a son esforz
       As deserz est repeiré,
448 Le rei ad od sei mené.
       Mult le feit servir gentement
       E son frere e sa gent.
       E quant treis jurs unt sojurné,
452 Brutus ad ses barons mandé.
       Od els parole priveement,
       A tuz comande communalment
       Qu'il li voldrunt conseiller
456 Que il frat del rei qu'il prist l'autre her.
       Li baron vunt parler ensemble,
       Chescun dit ço que li semble.
       Plusurs lui loent a deliverer,
460 Pur granz terres quite clamer,
       Asquanz volent or e argent,
       Asquanz volent grant casement,
       Asquanz le volent decoler
464 Pur lur ancessurs venger.
          Uns blans chanuz levat dunc sus,
       Cist ad a nun Mempricius.
       'Seignurs,' feit il, 'ore m'escutez.
468 Le rei par fei sin conseillez.
       Si vus empernez terres e fius
       E remanez en cest pais,
       Entre vus n'ert peis ne amur,
472 Einz i crestrat ire e dolur.
       Lur linage tut dis crestra
       E la nostre decrestra,
       Currunt nus sure a un tresbeit,
476 Occirunt nus par icest pleit,
       Meis si vus me crere volez,
       Or e argent li demandez,
       Vin e olie e bon furment

449 M. se f.

480 E nefs que seient a bon talent
      E sa fille doinst a uxour
      A dan Bruz nostre seignur.
      En tele terre puis sin alum
484 U franchement vivre purrum;
      E si il ço ne volt furnir,
      De mal[e] mort le facez murir.
      Puis de la terre sin alum,   *44a*
488 Cum plus [tost] aler purrum.'
      Cest conseil unt otrié,
      Le rei de Grece unt demandé.
      Entr'els l'aseent hautement
492 Sur un fal[d]estol d'argent;
      Entur lui seent li baron,
      Nul d'els ne dit oil ne nun.
      Quant leva sus Mempricius,
496 Si com li comanda li dux,
      La parole lui ad mustré.
      Quant li reis l'ot, mult s'en feit lé;
      Un poi comence a penser
500 E puis comence a parler:
      'Mult par choisist cil malveis sort
      Ki vivre pot e quert la mort.
      Pur ço tant cum vivre purrai,
504 Ja ma mort ne requerai.
      Quant mi deu me sunt failliz
      E mon frere e mes amis
      E par mei les puis delivrer,
508 Jo nes frai pas decoler.
      Pur mei deliver[er] e mes amis
      Ces[t] vus frai que me avez quis,
      Mais d'une ren mult grant joie ai:
512 Que ma fille si ben durrai
      Kar fors cesti n'est chevaler
      Sul en cest mund qui tant seit fer
      Ki de servage vus deliverast
516 Par nul engin, tant se penast.
      Mon frere des ore delivrez
      E en ostage mei retenez

Kar ja de vus ne partirai
520 Tresque mun dun furni avrei.'
Antigonus est deliverez.
Hastivement s'en est alez
E fet aprester tut le conrei
524 Que pramis lur aveit le rei.
A cel jur que fust nomé
Les galees sunt assemblé
A la cité de Miceine
528 Dunt jadis fut raine Heleine.
Cil qui meinent en Seizille
Entr'els l'apelent Meschine.   44ᵇ
Iloc si curt un braz de mer,
532 Le Far l'ai oi numer.
Treis ·c· e vint e quatre sunt
Les nefs que Troien merrunt,
De vin e de olie e de furment
536 Sunt chargez mult gentement.
Li Troien sunt asemblé,
Le rei en ount od els mené.
De l'altre part mult gentement
540 Venent li Grui od bele gent,
Assez aportent or e argent,
Palies e bon garnement.
La fille le rei est amené,
544 Mult richement est aturné,
Pur sa bealté resemble fee,
Ignogen fust apelee.
Unc tant bele ne fut Heleine
548 Ke Paris prist dedenz Meiceine.
Veant trestute ceste aunee
La meschine est espusee.
Ele i depart or e argent,
552 Dras de seie e grant garnement;
Tuit sunt riche e asazé.
Del rei de Grece unt pris cungé,
Enz en lur nefs en sunt entré,

520 nun d.

556 Amont le Far s'en sunt turné.
Mult lee s'en vont li Troien,
Meis forment plure Ignogen,
Quant sule depart de son pais,
560 De peire, de mere e de ses amis.
De la dolur que ele demena
A la parfin si se pasma.
Entre ses braz Brutus la prent,
564 Si la beise mult suefment,
A la parfin si se endormi
Entre les braz a son ami
E sa dolur si tresalat
568 Enpur l'amur que vers li ad.
Duos jurs curent e une nuit
A grant joie e grant deduit,
En un' isle sunt arivé
572 Ki Leogence est apelé;
Ele fu ben ja herbergee,
Ore est gaaste e desertee,
Destrute fut par robeurs.
576 Idunc se herberja li dux
E prist treis ·c· bachelers
Ki hardi sunt, pruz e legers,
Par cel' isle les enveiat
580 Pur saveir que dedenz at.
Cil unt l'isle aviruné;
Grant aver unt dedenz trové
Dunt il se sunt mult ben chargé;
584 Envers les nefs se sunt returné.
Idunc trovent une cité
Ki faite i fut d'antiquité
E une temple dame Diane,
588 Une deuesse mult sultane;
Dedesur l'us escrit esteit
Ki que unckes la vendrat,
Diane verité li dirrat
592 De quanqu'il demanderat.
Al duc se sunt repeiré,
Si lui mustrent k'il unt trové.

44c

Quant li dux l'ot, ignelement
596   La s'en alat od sa gent.
Dusze seignurs mena od sei
Ki asez sevent de lur lai.
Cum vint a l'us de l'eglise,
600   A la deuesse fait sacrefise.
La deuesse priet humblement
Que ele le garisse e sa gent
E die lur quel part irrunt
604   E quele terre herbergerunt.
La u il gist en oreisons,
Si s'endormist entre les sons.
La dame vint tut en dormant,
608   Od li parlat e dit itant:
'Ultre France vers solail cuchant
En est un' isle que mult est grant;
De geanz fut ja herbergé.
612   Voiz la tendru[n]t en herité
E de voiz si renestrunt
Li rei qui la terre tendrunt.'
A tant esveillat li dux,
616   Ignelpas si saillit sus.   *44d*
A tuz les sons ad reconté
Que la dame lui ad mustré.
Cil sunt lez de l'avisiun,
620   Si lui unt dit: 'Ore en alum,
Ke ja mes ne finirum
Tresque en cele terre vengum.'
En neif repairent vivement.
624   Dunc se lessent cure al vent.
Par ·xxx· jurs ount tant curu
K'en Affric sunt venu
As altels des Philistiens
628   E passent Lac de Saniliens.
Dunc si venent a Ruscicare,
D'iloc as granz monz de Zare.
De utlages sunt dunc asailliz,

631 asaillez

632 Meis il les unt trestuz occis;
De[l] lur sunt dunc enrichi,
Ben unt lur nefs de[l] lur garni.
Idunc venent a Gadés
636 U sunt les portes Herculés.
Trestut i durent periller,
Tant i trovent sereine de mer.
Quant il ne poent suffrir la guere,
640 Hastivement traent a tere.
En cel rivage trovent grant genz,
Quatre lignees des Troienz;
Od Antenor cil s'enfuirent,
644 Quant de Troie departirent.
Ore unt un duc, Corineus,
Ki mult ert hardiz e pruz.
Od les geanz soleit combatre;
648 Si vilement les soleit abatre
Cum fussent vallez de ·xv· anz,
Unc vers lui ne fust uns poanz.
Grant joie demenent [c]ele gent
652 Quant il sevent que il sunt parent.
Dunc se sunt entrealiez,
Chescon est de altre ben esforcez.
Ore sunt il bele compaignie,
656 Par mer venent en Maritane.
Tut destruent icel pais,
Les meillurs humes unt occis.
Dunc sunt lur nefs tres ben guarnis   *45a*
660 De tut le ben de cel pais.
Par mer s'en vunt puis corant,
Plusurs realmes acosteiant.
Ore unt tant par mer coru,
664 En Aquitaine sunt venu,
En l'ewe del Leire dunc sunt entré,
Iloc unt lur auncres geté —
Ço est le regne as Peitevins —
668 Mult i troverent plener pais.

643 enfuerunt   665 En leune

Pur ço volent sugurner
E lur nefs rapariller.
Dedenz ·viii· jurs qu'il unt sugurné
672   Le pais unt ben espié.
Assez i trovent bon furment,
Vin e olie a lur talent.
Danz Gofforins li Peitevins
676   Esteit rei d'icel pais.
Cum ot qu'il sunt arivé
En cel pais sanz son congé,
A els enveit ignelement
680   Pur ver lur contenement
E pur cercher e pur enquere
S'il volent peis u guere.
        Li messager sunt dunc munté,
684   Dreit cele part en sunt alé;
Par grant orgoil vunt chevalchant,
Les Troiens mult manaçant.
Cum il sunt en la forest entré,
688   Corineum unt encontré.
Pur berser i ert alez
Od dus ·c· de ses privez.
Quant ço virent li messager,
692   Si se comencent a corucer
E demandent par qui congé
En lur defense sunt entré.
Li dux respont mult gentement
696   E pur sei e pur sa gent:
'Cest deduit fut fet communals
A tuz icels ki sunt mortals;
Cest devum faire sanz congé
700   Tut a nostre volunté;
Ja congé ne demandrum
Pur ren que nus i façum.'   *45b*
Cil respondent: 'Si frez
704   E ja endreit le conparez
Ke vus en la forest le rei
Feit avez itel desrei.'
Un en i out qui fut archers,

708 Mebert out nun, mult par fut fers.
Cil ad son arc mult tost tenduz,
Od un dart volt ferir le dux.
Li dux vint avant curant,
712 L'arc saisist demeintenant;
De maimes l'arc tel li donat
Ke trestut l'escervelat.
Li altre s'en turnent fuiant,
716 Unc ne quiderent eschaper a tant;
A lur seignur sunt returné,
Lur aventure li unt cunté.
Li reis Goforins est mult irez
720 De son message qui est tuez;
S'il pot, tost le vengerat
U si ço nun, de dol murrat.
Ignelement mandat sa gent,
724 Sur els chevacha vivement;
Son message cher lur volt vendre
Kar tuz les quidat susprendre.
Quant ço oient li mariners,
728 Ignelement s'astent des nefs;
Gentement s'en vont corant,
Attendent les tut en plein champ.
Cum s'entrecuntrent cele gent,
732 Mult s'entreferent egrement;
D'ambes parz se vunt entreferant,
Li un les altres occiant.
Mut sunt hardi li Peitevin,
736 Li Gascon e li Angevin,
Esspessement funt l'envaiement
Desur cele estrange gent.
Li reis out un seneschal,
740 Siuuard out nun, mult bon vassal;
Les sons alat ben conduant
E mult sovent amonestant.
Corineus les veit tant contrester;
744 Forment se prist a corucer,
L'escu enbraçat vers sei,
Entr'els s'enbat a grant desrei,

45c

Entre ses poinz tent une hache
748 Dunt il lur feit grant damage
Kar unc ne fust nul macecrer
Qui si sout charn detrencher.
Qu'il ben aconsiveit,
752 Mult tost la mort en receveit;
Pur [ço] s'en [v]unt cil deturnant,
Dedevant lui s'en vunt fuiant.
Siward i ad dunc encuntré,
756 En duos meitez l'ad trenché.
Dolenz en sunt li Peitevin
Kar tut sunt turné a declin.
Li Troien les vunt sivant,
760 Des espees les vont ferant;
Icels mettent en tel effrei
Qu'il s'en fuent od tut le rei.
Li Troien ont vencu le champ
764 Kar li altre s'en vunt fuiant.
Brutus les sons dunc apelad
E a trestuz si comandat:
'Seignurs, cest aveir pernez
768 E entre vus sil departez.
Par cest pais sin alum
E tut ensemble sil destruium.'
Dunc s'espandent par tut le pais,
772 Tuz icels qu'il pernent vifs
Ignelement funt decoler
Qu'il meis ne s'en poent venger;
Citez asaillent, abatent turs,
776 Pernent chastels, ardent burs,
Cels occient qui sunt dedenz,
Humes, femmes e enfanz.
Cil qui pour unt de murir
780 Devant els comencent a fuir,
Meuz volent perdre les viles
Qu'il ne volent lesser lur vies.
En Aquitaine unt tant esté,

756 trencher

784   Par le pais tant chevalché,
       Que avisunches i ad cité
       Ke tute ne seit deserté.
       Cum le pais vunt desertant,   *45d*
788   Un liu trovent mult avenant
       A feire gentil fermeté
       U bon chastel u grant cité.
       Brutus les soens dunc apelat,
792   Un chastel faire comandat.
       Li chastel fu tost fermez
       E puis fut Turs apelez.
       'Si nus asaillent noz enemis,
796   Franceis, Guascons u Peitevins,
       Ça dedenz nus purrum defendre
       E bataille lur purrum rendre.
       Il nus assaudrunt veirement
800   Kar li reis repaire od mult grant gent,
       Franceis, Flamans, Alemans,
       Angevins, Manseis e Normans.'
       Mult amenat beles compaines
804   Par ces valees e par plaines.
       Quant ot qu'il volt chastel fermer,
       De ire comence a trembler,
       Trestuz ses deus en ad juré
808   A malveis port sunt arivé,
       Ja mais ne s'en departirunt,
       A male mort tuit murrunt.
       'Seignurs,' feit il, 'ore esgardez
812   Cum mun pais est desertez.
       U nus ore en vengum
       U la terre lur guerpissum.'
       Cil respondent: 'Ne vus esmaez
816   Pur cel chastel que vus veez.
       Cest chastel vus avrum ja pris
       E cels dedenz trestuz occis.'
       Dusze escheles funt de lur gent,
820   Puis chivalchent irément.

800 repanr *with accent over second minim.*

Li Troien le[s] ont veu,
Encontre els sunt tost issu.
   Quant ço veient li Franceis,
824 Tuz escrient: 'Ore les ferez!
Ço est orguil des aventiz
Ki nus volent chascer del pais.
Ore les ferez, seignurs baruns!
828 Mar en eschapera uns suls.
Des ore ne se poent fuir,   46a
Tuz les estoverat morir.'
Dunc s'escrient d'ambes parz,
832 Si s'entreferent de lur darz.
Des primers coups que sunt donez
Est le champ tut ensanglantez.
Si s'entreferent sur ces escuz,
836 Sur cels haelmes qui sunt aguz,
Le feu tut cler en funt saillir
E l'air en funt tut retentir.
Corineus en veit tut devant,
840 Les Troiens ben maneçant,
Des sons ne perdit que dis,
Des Franceis en ad ·m· occis.
Brutus est de l'altre part;
844 Plus est hardi d'un leupart.
Devers les soens maintint l'estur
Cum chivaler de grant valur.
Li Troien al comencement
848 Les Franceis ferent vivement.
As primerains cops, cum trovum escris,
Plus de deus ·m· en sunt occis.
Li Franceis sunt aparceu
852 De lur gent que unt perdu;
Alques se sunt esmaiez,
Nepurquant se sunt escriez.
Si ferement les vunt ferir
856 Que del champ les funt fuir,
El chastel les unt encassé.
Brutus i fut un poi naffré.
Dunc les asaillent envirun,

860 Cil se defendent cum barun.
Quant prendre ne poent par estur,
Mettent le sege tut entur.
Ben sunt asis li Troien,
864 N'en istrunt pur nule ren;
U par bataille s'en istrunt
U la dedenz de feim murrunt.
Quant ço vit Corineus
868 Ki mult esteit sages e pruz,
Od le duc en alat parler
Cum se pussent deliverer.
Cum parlé en unt ensemble, 46b
872 Chescon en dit ço que li semble.
Corineus idunc li dit:
'Ore escutez, sire, un petit.
En ceste nut priveement
876 Od treis ·m· de nostre gent
En la forest m'en irrai,
Tresqu'al cler jur i demorai
E tantost cum verrez le jur,
880 Si lur rendez un grant estur.
Si ferement i survendrei,
Ben qui que les descumfirei.'
Brutus fu lé de cest cunseil,
884 Dit li ad cum son fael:
'Ja plus tost ne verrei le jur
Ke jo ne comencerai l'estur.'
La nuit s'en ist Corineus
888 Od treis ·m· compaignu[n]s,
Devers Leire sunt issuz
K'en l'ost ne sunt aparceuz.
Quant Corineus est eisseuz,
892 Brutus apelat ses druz,
Si lur feit enseigner sa gent
Cum il ferunt l'envaiement.
Cum li solail esteit levez,
896 Cil qui l'ost unt escheluaitez

896–903 *tear in MS. written round*

Tut asseur se sunt cuchez,
Si cum l'um feit el tens d'estez.
Brutus vit lur cuntenement,
900 Ses portes overet deliv[r]ement,
Od tut les sons issi mult tost,
De tutes parz escriat l'ost.
Cil de l'ost sunt estorniz,
904 Tut nuz saillent de lur liz,
Deliverement se sunt armez
E si se sunt entrealiez.
Li Franceis furent armez,
908 Lur escheles unt ajustez,
Repeiré sunt tut a l'estur,
Des Tróiens nen unt pour.
Cum il se sunt entremellez
912 E ces escheles unt ajustez,
As Franceis avint un' aventure   46c
Ke mult lur fut pesme e dure.
Geinz i survint Corineus,
916 Sis escriat od tuz les sons;
Tant ferement les ad escriez
Ke trestuz les ad effraez.
Si sunt del cri esponté
920 Ke del champ s'en sunt turné,
Unc ne quident a tens fuir,
Tuz quiderent el champ murir.
Les Franceis s'en turnent fuiant,
924 Li Troien les vunt enchaçant.
En cel enchaz si est occis
Un Troien de mult grant pris,
Turnus out nun li chivalers,
928 Un neis le duc que mult par fut fers.
Icist sul aveit occis
Plus que cinc ·c· Peitevins.
Li Troien unt le champ vencu,
932 Meis mult grant dol lur est escru.
Quant mort truvent le chevaler,

902 escriaz   914 peine d.   915 v̈int s̄ur

Tuit i comencent arester.
Quant entre els l'ont assez ploré,
936 Mult gentement l'unt enterré,
Son nun dunent a la cité,
Puis l'unt Turs apelé.
Dunc parlat Brutus od sa gent,
940 A tuz demande communalment,
S'il d'iloc s'en turnerunt
U en la terre remeindrunt.
Tuit li dient: 'Ore en alum
944 Kar si en la terre remanum,
Cil del pais recrestrunt,
Li nostre tuz decrestrunt.
Ore i avum perdu grant efforz,
948 Ben prof tuz les meillurs des noz
E si nus i remanum,
Assez plus i reperdrum.
Meis cest grant aver pernez
952 E vos nefs tres ben chargez,
En tele tere puis sin alum
Ke senz guere aver purrum.'   *46d*
Brutus respont deliverement:
956 'Voz nefs chargez de or e de argent.
De cest pais sin alum,
A la mer nus comandum.'
Mult se garnissent richement,
960 Asez portent or e argent.
En haute mer traient sus lur veilles,
Tute nuit curent as esteiles.
Dous jurs curent par mer siglant,
964 Vent unt bon e a talant.
Terz jur cum li solail est levé,
En Totenés sunt arivé.
Cest' isle out a nun Albiun,
968 Unc enceis [n']i entrat hum;
De geianz fut anceis herbergee,
Lors est gaistes e desertee;

937-43 *hole in MS. written round* 938 apelee

E

Mult i trovent bois e deserz,
972 Ewes duces e granz forez,
Bone terre pur gainer
A blez e pur vines planter.
La terre unt entr'els departi.
976 Brutus si ad primes choisi;
A sa partie donat son nun,
De li Bretaigne ad a nun,
Ses humes apelat Bretuns.
980 De l'altre part Corineus
Les sons apele Cornewaleis
Kar de Cornewale ert reis;
Cele partie ama tant
984 Pur ço que iloc erent li geant;
Mult les desirout a encontrer,
Pur ço qu'il voleit od els luter.
La terre vont dunc saisant,
988 Espessement la vont herbergant,
En bref terme l'ont si herbergé
Cum tut dis i eussent esté.
Brutus ert un jur juste la mer
992 Pur a ses deus sacrefier;
Od sei aveit mult bele gent,
Si survindrent vint geant.
Geomagog fut lur seignur,   47a
996 Dusze alnes aveit de longur,
Des Bretons out plusurs occis.
Mult lur chalengent lur pais.
Dunc i acurent li Bretun,
1000 Sis asaillent tut envirun,
Mult tost les unt tuz occis
Fors le meistre qui fut vif pris.
Lores fut le duc mult lé,
1004 Corineum si ad mandé;
Od le geant le feit luter
Pur aemplir son desirer.
La lute dura mult longement,

---

984 gieanz; *the second letter could be* r.   994 survindrint   1006 aempler

1008 Grant joie en unt icele gent.
　　　Li geiant ad le duc corecé,
　　　Treis costes lui ad depescé.
　　　Irez en est Corineus,
1012 De l'ire est plus airus;
　　　Od le geiant dunc s'en turnat,
　　　A la faleise l'enportat;
　　　Issi tost cum il vint la,
1016 Aval la faleise le geta,
　　　La faleise en est ensanglanté,
　　　Li geianz en est tut depescé.
　　　Li Troien en sunt mult lé,
1020 A la faleise unt sun nun duné
　　　Car si cum dient li paisant,
　　　De Geomagog est ço le salt.
　　　Brutus veit par le pais
1024 Cum cil kin est poestifs.
　　　Un liu trovat mult avenant
　　　U fist une cité vaillant,
　　　Sur Tamise faite l'ad,
1028 Troie Nove l'apelad,
　　　Puis si tint tut le regné
　　　Vint e quatre anz en pouesté.
　　　Emprés cel terme si deviat,
1032 De cest secle s'en alat.
　　　De sa femme aveit treis fiz
　　　Ki en sa cité l'unt enseveliz.
　　　　Quant lur pere unt enseveliz
1036 La terre unt en treis departiz.
　　　Locrinus out nun l'einzné,
　　　Sa part fut Logres apelé.
　　　Kamber out nun li maiens,
1040 Sur les Gualeis fut casiens;
　　　De Saverne tut en avant
　　　Le regne fut a lui apendant.
　　　Albanactus out nun li terz
1044 Ki d'Escoce fut reis eisez;
　　　Uncore en unt cil le surnun,
　　　Scot Albana les apele l'um.

47b

Deus anz tindrent en pes la terre,
1048 Al terz an lur surd grant guere
Par Humber, le rei de Huniens,
Ki mult occist des Troiens.
Od A[l]banacte se combatit
1052 E en bataille le venquit.
Tresque Humber, un' ewe grant,
Alat la terre conquerant.
Li dui frere en sunt dolent,
1056 Hastivement mandent lur gent,
Od Humber se sunt combatu
E en bataille l'ont vencu.
Tresque cel' ewe en vint fuiant
1060 E cil le vont tut dis enchasçant.
Quant l'ewe tute ne pot beivre,
Si lui estut la mort recevre.
En cele ewe Humber neiat,
1064 Pur ço sun nun si lui lessat;
Humbre l'unt puis apelé
Cil qui mainent el regné.
Li reis Locr[i]ns ses nefs saisit,
1068 A ses humes tut departit
Quanqu'il dedenz trovat
Fors une meschine que retenu ad.
Tant amat Locrins la tuse
1072 K'il en eust fait sa espuse,
Ne fust Corineus li reis
Ki fille il aveit pris anceis.
E cil forment le manaçout
1076 Od la hache k'il portout
K'en peces le depescereit,
S'il sa fille guerpiseit.
Set anz la tint en priveté
1080 Dedenz Lundres la cité
Ke unckes sa femme nel sout
Ne sis peres qu'il mut dutout,
Meis quant Corineus fut mort,
1084 Li reis sa femme guerpist a tort
E Estrild itant amat

47

Ke raine faite en ad.
Dunc s'en turnat Guendeline,
1088 Issi out nun la primere reine.
En Cornewaille s'en alat
U des sons assez trovat.
Cil sunt lez de sa venue,
1092 Dolenz de sa descovenue.
Dunc dient que ja ne finerunt
Tresque vengé l'en averunt.
Le rei Locrin ont deffié
1096 E tote lur gent unt tost mandé.
Grant ost comencent assembler
Empur la dame venger.
Dunc chevalchent irément.
1100 Li reis ad auné sa gent,
Entr'els si chivalcha;
Sur l'ewe d'Esture les encontra.
Li reis les vit, sis veit ferir;
1104 Cil ne se voldrunt pas fuir,
Einz ont l'estur ben maentenu.
Le rei unt mort, les sons vencu.
Guendeline out joie mult grant,
1108 Quant li son ont vencu le champ,
Mais de ço ad grant dolur
K'il ont occis son seignur.
Gentement l'ad enseveli,
1112 Puis si ad le regne seisi;
Estrild ad fet decoler
E sa fille en ewe nei[e]r
E a l'ewe donat son nun;
1116 Habren l'apelent li Bretun,
Mais cum dient li Franceis
Saverne ad nun e li Engleis.
Dis anz aveit Locrins regné,   *47d*
1120 Quant en bataille fust tué.
La reine tint en peis la terre
Od son fiz ·xv· anz sanz guere.

1105 yont   1122 fit *altered to* fiz

　　　Maddan out nun son fiz,
1124　Sis peres fut li reis Locrins.
　　　Puis fust cist reis ·xl· anzs;
　　　De sa femme out deus enfanz,
　　　Memprices out nun li einzne[z],
1128　Li altres fut Maulin apelez.
　　　Quant mort fu Maddan lur pere,
　　　Memprices occist son frere.
　　　　Cum li fels out son frere occis,
1132　De tut le regne sul est saisiz.
　　　Emprés fist que desfaez,
　　　Les meuz occist de ses parentez.
　　　Une gentille femme out espusé
1136　De ki Eubrac sis fiz fut né;
　　　Cele deguerpit cum erite,
　　　Vie demena de sodomite.
　　　Vint anz tint terre cruelment,
1140　Haiz fust de tute gent.
　　　U il maneit en tel cruelté,
　　　Des lus salvages est devoré.
　　　Quant mort fut Mempricius,
1144　Reis fust sis fiz Embracus.
　　　De cels del regne fut amez
　　　Kar pleins ert de tutes buntez.
　　　Cil esteit de halt' estature,
1148　De grant force, de bele figure.
　　　En France alat par navie
　　　Dunt enportat grant mana[n]tie.
　　　Cum de la fut repairé,
1152　. . . . .
　　　Iloc si fit une cité,
　　　Kairenbrac fust apelé;
　　　Puis en alat en Escoce,
1156　Alclud afermat par sa force,
　　　Le Mont Agned puis ad fermé,
　　　Edeneburch l'ad apelé.
　　　　Cil tint la tere ·xl· anz;
1160　De ·xx· femmes out ·l· enfanz,
　　　Trente filles e vint fiz,

48a

Chescun fut chivaler de pris.
　　Enbrac ses filles ajustat,
1164　A Albe Silve les enveiat
　　Ki des Latins out le regné;
　　Cil les ad tutes marié.
　　Ses fiz se sunt entrealié
1168　E grant navie unt asemblé,
　　Par mer isent de lur pais,
　　Germanie unt conquis.
　　Od le pere remist li einzné,
1172　Brutus fust cil apelé.
　　Icist fut reis sur les Bretons
　　Dusze anz pleners e aukes plus.
　　　Leil, sis fiz, puis tint la terre,
1176　Mult amat peis e hait guere.
　　Icil fit cele cité
　　Ki Karleil fust apelé.
　　Icist si fist Esecestre
1180　E la cité de Porecestre;
　　Puis si fist citez plusurs
　　E les clost de riche murs.
　　Emprés lui vint Rududibras,
1184　Icist fut pruz e bon vassals.
　　Cil fist faire Kantorebire
　　E Wincestre e Salesbire.
　　　Emprés lui vint Bladur, sis fiz,
1188　Vint anz fust reis poistifs,
　　Icist fit faire Kairbadum
　　E les chauz bainz qui dedenz sunt.
　　Cist out tut dis en sa mance
1192　Od sei l'art de nigromance;
　　Pur ço les bainz atemprat
　　Od le suffre que mis i ad.
　　Maistre esteit de fisike,
1196　De astronomie e de musike;
　　Puis fist eles pur voler,
　　Mes malement les sout atemprer,
　　Mult vilement prist a tresbucher;
1200　Com un mont quidat munter,

A terre est si tresbuché
K'en ·c· peces est depescé.
[E]mprés la mort le rei Bladur
1204 Leir, son fiz, vint al honur;
Seisante anz cil tint la terre,
Assez i out e peis e guere.
Icil si fist cele cité
1208 Ke Leicestre est apelé.
De s'espuse out treis puceles
Ke mult par esteint beles.
Quant veit que nul fiz n'averat,
1212 Ses treis filles mult amat;
Nepurquant vers la menur
Si out tut dis greinur amur.
La einné out nun Gonorille,
1216 La plus jofne Cordoille,
La meene out nun Ragau,
Plus bele n'estut estre veu.
A la parfin se purpensat
1220 Ke tutes treis esproverat,
A cele durrat greignur honur
Ke plus lui demustra amur.
Ses duos filles aresunat.
1224 Chescun de eles pur sei parlat
E si se peinent de beu blandir
Par beu parler a son pleisir.
La primere lui respont
1228 K'ele l'at plus cher de tut le mund.
Ragau dist que ele l'ad plus cher
K'ele n'at son demene quer.
Li reis mult s'en eslezeat
1232 E dit que riches les frat
Kar ben les marierat,
Son regne lur departirat.
Puis apelat la jovenor,
1236 Icele u aveit grant amur,
Si lui priat mult ducement

48b

1218 nĕstut bĕle   1225 blander   1226 Pur   1229 qᵉ|ele

Que ele lui deist tut son talent.
Ele aveit oi le respons
1240 Ke feit aveient ses sorurs
E cum eles l'ourent losengé
E parlé a sa volunté.
Idunc se purpensat
1244 Qu'ele verité li dirrat,
Si lui ad dit apertement
Qu'ele nel losenge de neient: *48c*
'Jo t'aim', fet ele, 'com pere
1248 Plus que sor e plus que mere
E ben seiez certain,
Tant as, tant vals e jo tant t'aim.'
Li reis s'en est mult curucé
1252 E dit ke vilement ad parlé;
Par ses idles puis ad juré
Ke de son regne n'avrat plein pé.
'Mais pur tant que t'engendrei,
1256 A aucun hume te durrei,
Si aucuns hume te volt prendre,
Si que rens ne m'estoet despendre.'
Ses deus filles ben mariat,
1260 Tut sun regne parti lur at,
Od eles alat puis sujurnant,
A grant joie sei demenant.
Cordeille out grant beauté,
1264 Tut en parolent par le regné.
En France alat la novele
De la meschine que est si bele.
Aganippes s'en esjoit,
1268 Le rei de France, quant il oit,
Ses messages i enveiat
E a ouxur la demandat,
Ne requert od li or ne argent
1272 Ne ren fors sun cors sulement.
Leir l'ad issi otrié,
Sa fille lui ad enveié.

1272 ṣụḷ sun

        Quant terre ad tenu ·xl· anz,
1276 Sun regne livret a ses enfanz.
        Od sul ·xl· chevalers
        Od Gonorille veit sujurner.
        Cum demi an sujurné at
1280 Gonorille s'en corezat;
        Sa gent lui rovet departir
        E sul ·x· humes retenir.
        Li reis se prist a curucer,
1284 Si fet ses humes tost munter.
        A Ragau si s'en alat,
        Le feit sa sor si lui cuntat.
        Cele respont mult ferement:
1288 'Ke fetes vus de si grant gent?   *48d*
        En treis serganz avez asez.
        Ne sai pur quei plus en aiez.
        Li dui seient entur vus
1292 E vostre lit face li uns.
        Ja vus estut reposer
        Kar par pais ne poez errer.
        Si sujurner volez od nus,
1296 Nen suffrum qu'en eiez plus.
        U avant le vus ferez
        U de ci vus turnerez.'
        Cum li reis oit ceste novele,
1300 Pur poi d'ire tut vif ne desve.
        Od sul ·x· que retenu at
        A la primere s'en alat.
        Quant Gonorille le veit venir,
1304 Sil comence a escharnir:
        'N'i avez gueres espleité,
        Quant si tost estes repairé.
        Einz que vus en alissez,
1308 Vus disme retenu fuissez;
        Quant ore estes revenu,
        Vus altre serrez retenu.
        Ohi!', fet ele, 'quel vilté

1280 Gonoṛille

1312 D'un vilein tut redoté.
Pur le clamur que fet avez
Un sul plus n'i averez.'
Quant sa fille ot si parler,
1316 Li reis s'en prent a corucer
E maudit l'ure que ele fut né
E que ele unkes fut engendré.
Trestuz les sons puis apelat,
1320 Ço qu'il out, si lur donat;
Puis sis baise tut en plorant,
Sei terz s'en est alé a tant.
Idunc comence a suspirer
1324 E en son quer a purpenser
Cum perdu ad sa richeté
E chaet est en povreté.
'Ohi!', fet il, 'Cordoille,
1328 Tu le me diseies, bele fille:
Tant cum les grant aveirs aveie,
Tant m'amouent, tant valeie;
Cum aveie les riches citez,
1332 Les chastels, les fermetez,
Entr'eles estoie sire apelez.
Ore sui povre e dechacez.'
Idunc maldit dame Fortune
1336 Ki duné l'at tel aventure
Qu'il n'ad que prendre ne que duner
Tant que vaillet un sul dener.
'Ahi!', feit il, 'que devendrei?
1340 En quele terre m'en irrei?
Jo ne sai quel part turner,
Isci ne puis pur hunte ester.'
A la parfin se purpensat
1344 K'il la sause passerat;
A sa fille enveirat
E merci li crierat.
Leir s'en turne tut plurant,
1348 Ses dous filles maldisant;

49a

1327 Gordoille   1339 devendreiȩ

Od sei ne menat compaigniun
Fors un esquier e un garçun.
Coment que seit tant ad erré,
1352 En Normandie est arivé.
Puis ad par France tant alé
K'il ad la curt le rei trové.
Li reis remist defors la vile,
1356 Pur hunte ne pot ver sa fille.
Par son esquier qu'il i enveiat
Tut son estre lui mandat.
Li esquiers ad tan[t] espleité
1360 Ke la reine ad trové
Privément en une eglise
U [a] ses deus fet sacrefise.
Il li clinat parfundement,
1364 Si [l]i parole priveement;
Cum corteis e cume sage
Li ad dit tut son corage.
    Cum la reine ot la parole,
1368 Del respondre ne fust pas fole:
'Mis peres est mult ben venuz,
A grant joie ert receuz.'
Son chambrelein puis apelat,
1372 Hastivement puis li comandat   49b
K'il trestut priveement
Asez pre[i]st or e argent;
Puis sin alat od son pere
1376 A une cité ki fust plenere;
Iloc le feist sujurner
E ben servir e sovent baigner.
'Quant ben l'avrez recovré,
1380 De dras, des chivals, aturné,
Mandez ·xl· chevalers,
Ensemble od lui les retenez;
Cil voisent od lui en deduit,
1384 Entur lui seient jur e nuit,
Ben seient aturné de dras,

1377 I. se f.

De beles armes, de bons chevals.
Puis quant mis peres voldrat,
1388 Par son message nus manderat
Ke venuz est en cest pais
Pur nus veir e ses amis.
Ore le me facez issi
1392 Ke jo vus en sace merci;
Gent gueredon vus en durrai
Kar riches humes vus en frai.'
Li chambreleins s'en est turné,
1396 Od l'esquier s'en est alé,
Al rei venent defors la vile,
Saluz li dient de part sa fille.
Leir s'en feit joius e lé.
1400 Li chambrelein l'en ad amené
Ki meuz l'ad servi e honuré
Ke sa dame n'out purparlé.
La reine plure sovent
1404 Pur son pere priveement;
Sovent maldist ses seurs
E cels qui l'aient a ogesurs.
Un jur cum li reis seit al manger,
1408 Es vus errant un messager,
Le rei salue corteisement
E la reine e sa gent,
Enprés si dit gentement:
1412 'Sire reis, a mei entent!
Li reis Leir m'enveie a tei,
Saluz te mande par mei.
Ore te mande par verité,
1416 Arivez est en ton regné.
Quant te plest, si te verra
E a sa fille parlera.'
Mult en fust lez Aganippus,
1420 Ignelpas si salit sus,
Le messager fait herberger,
Del son le fet assez doner.

49c

1399 Keir

Cum plus tost pot puis si muntat
1424 E la reine od sei menat.
Al rei Leir en sunt venu,
A grant joie l'unt receu;
Receu l'unt mult hautement
1428 E lui e tute sa gent,
Sa fille lui mustre grant amur,
Li reis lui mustre assez greignur.
Par France vunt dunc suivant
1432 E lur regne demustrant
E Leir lur ad trestut mustré
Cumfetement est deserité.
Quant Aganippus l'oit,
1436 Sachez que mult en fut marrit
E dit que mes terre ne tendra
Tresqu'en son regne mis l'avra.
Tute France lui ad livré.
1440 Puis ad lui reis grant ost mandé,
Assez asemble chevalers,
Bons serganz e bons archers;
En mer se met od ceste gent,
1444 Vent unt bon e a talent;
En poi d'ure sunt arivé
En Bretaigne le regné.
La terre ont mult tost conquis
1448 E les dous reis si unt occis
Ke Leir out ses filles duné
E qui l'aveient deserité.
Puis fust Leir reis treis anz,
1452 Bel s'est vengé de ses enfanz.
Entre itant murut Aganippus,
Reis de France qui tant fud pruz.
Puis quant Leir fust deviez,
1456 En Leycestre est enterrez.
Cordoille dunc prist la terre,
Cinc anz pleners la tint sanz guere.
Puis la guererent ses dous newus,
1460 Les fiz de ses dous sorurs,
Dan Margan e Cunedage.

49d

Cil duy li firent grant damage.
A la parfin si la pristrent
1464 E en lur prison la mistrent.
Iloc se occist de la dolur
K'ele aveit perdu l'onur.
Puis se sunt entreguereié.
1468 Cunedage ad Margan tué,
Sul tint le regne ·xxxiii· anz,
De treis femmes out cinc enfanz.
Idunc fust feit icele cité
1472 Ki uncore est Rume apelé.
Cum Cunedage fut tuez,
Le regne fust entremellez,
Departi fust entre cinc reis,
1476 Chescon tint diverse leis.
Celes leis tindrent lur enfanz
Enprés lur tens plus de ·c· anz,
Tresque survint un juvencels
1480 Ki mult esteit e pruz e bels.
De Cornewaille fut cil nez,
Donual Molunuces ert apelez;
Cil fust fiz Diocenis
1484 Ki fust rei de cel pais.
Quant mort fust Diocenis,
Le regne tint Donual sis fiz
E tut son regne a son os prist
1488 . . . .
Ruderei le rei des Waleis
E Stater le rei des Scoteis
Donual occist dunc en bataille,
1492 Tut lur regne tint puis senz faille.
De Donual ne sai dire plus,
Meis conquis ad tuz les Bretons.
Corune de or fist aprester
1496 E si se fist reis coruner.
Entre les sons establi ses leis,
Teles cum tindrent puis l[i] Engleis,

1471 citee 1472 apelee

       Si danz Gilde ne me ment
1500 Kis escrit apertement.
       Cil tint grant peis en sa terre,
       Unkes el regne ne suffrit guere;
       Nul n'osat l'altre adeser
1504 Ne en veie ne en senter.
       A Troie Nove son nun dunat,
       Trinovante l'apelat,
       Ben l'estorat de riches turs,
1508 De bons paleis e de haulz murs.
       Cil tint la terre ·xl· anz,
       Dunc la lessa a ses enfanz
       Ki lur pere unt ben enseveli
1512 E le regne entr'els departi.
       Belins out nun li einznez,
       De Logres e Wales fut casez.
       Li altre out nun Brennius,
1516 De cels d'Esscoce fut cil dux.
       ·V· anz tindrent en peis la terre.
       Puis surd entr'els mult grant guere.
       Brenes ne volt son frere servir
1520 Ne ren ne volt de lui tenir;
       Tut sul volt aver le regné,
       Reis en volt estre coruné;
       U le regne tut sul averat
1524 U si ço nun, del tut perdrat.
       Tant ad creu ses losengers
       K'il entra en ses nefs;
       En Norweie s'en alat,
1528 Al rei sa fille demandat.
       Cum Belins ot ceste fesance,
       Hastivement senz demorance
       Si ad seisi ses citez,
1532 Ses chastels e fermetez
       E grant gent ad ajusté,
       De bones armes sunt armé.
       A cels feit garder le rivage

1502 Unkel

1536 Ke son frere ne lui face damage.
Brennes ad ben espleité,
Li reis li ad sa fille doné,
Ensemble od li mult grant navie
1540 De bone gent tres ben garnie.
Cum cil sunt en halte mer *50b*
E quident a joie repairer,
Trestut despur[v]uement
1544 Assailli sunt d'estrange gent.
De Denemarche Gutlach li reis
Od galeis ·xl· treis
Par mer les alouent enchalçant
1548 Pur la meschine qu'il ama tant.
Mult le tenent a grant folie
K'il si quident mener s'amie
K'ele ne fust ainz chalangee,
1552 Cher vendue, cher achatee.
Des saetes sovent entretrah[ei]ent
E des haches entrefereient;
Mult en i ad des perillez
1556 Ke de morz que de neez.
Gutlach li reis sovent s'escrie;
Ne lessa pas pur perdre vie
Ferement n'assaille la galie
1560 U dedenz esteit s'amie.
Tant ad fait que prise l'at
E cels qu'i sunt trestuz neiat
Fors sul s'amie qu'il ad gardé;
1564 Pur li s'esteit mult travaillé.
Idu[n]c lur surd un vent mult grant
Ki ces nefs alout departant;
Par plusurs terres sunt dechascé,
1568 En diverses havenes sunt arivé.
Gutlach li reis od sul treis nefs
Par mer curut cinc jurs pleners;
En l'ewe de Tine est arivé,
1572 Iloc sunt pris e al rei liveré.
Belins li reis d'iço est lez
Ke sis freres ad si errez.

F

Gutlach si met en sa prison,
1576 S'amie e si compaignon.
Brennes ses nefs i ad ajusté
E en Escoce est arivé.
Quant sait que s'amie est el pais,
1580 Son message ad al rei tramis;
Requert qu'il lui rende s'amie
U si ço nun, si le defie.
Li reis respont que neient ne frat 50c
1584 Meis de la terre le chascerat.
Quant Brennius iço oit,
Quanque il pot si ad banit.
Encontre son frere chevalchat
1588 E dit qu'od lui se conbatrat.
Si tost cum li reis le sout,
Tost mandat quanque mander pout.
Contre Noreis tant chivalchat
1592 Ke devant lui veu les ad.
    Li frere se sunt encuntré
Od la grant gent qu'il unt asemblé.
Dunc s'entreferent vivement,
1596 Ne s'esparnient de neient.
Si s'entreferent de ces darz
Ke mult en murent d'ambes parz;
A millers gisent les decollez,
1600 Li champ en est ensanglentez.
Ceste bataille ad mult duree;
Par matin l'ourent comencee;
Un poi devant solail cuchant
1604 Li reis ad vencu le champ.
Dunc s'en fuit dan Brennius
Sulement od ·m· compaignu[n]s;
Od sul dous nefs est eschapez,
1608 Dreit en France en est alez,
El champ lessat chevalers
Des sons mort ·xv· millers
Estre l'autre gent menue

1582 sil le d.   1603 ŝolail ďevant

1612   Ki od eus i ert venue.
      Li reis ad asez perdu,
      Tut eit il le champ vencu;
      Il i perdi ·xiii· millers
1616   Ki tut erent chevalers;
      Ben fist le champ esnaier
      Kar tuz les cors fit enterrer.
      A Evernwic li reis alat,
1620   Tuz ses barons od sei menat.
      Iloc si tint grant parlement
      Od ses barons comunalment,
      Se il Gutlach deliverait
1624   U il en prison le tendrait.
      A la parfin l'ad deliveré   *5od*
      E cil li ad ostages truvé
      Ke sa terre de lui tendrat
1628   E sis homs liges devendrat.
      Quant son treu li fut numé,
      Li reis Gutlach s'en est turné;
      En Denemarche s'en alat
1632   E s'amie od sei menat.
      Dunc vit li reis Belins
      Ke sul ert sire del pais;
      Iceles leis renovelat
1636   Ke sis peres contruvat
      E quatre chimins fist overer
      Tut de pere e de morter;
      Cil qui alouent par le pais
1640   Peis aveint en ces chimins.
        Brennes sis frere s'en est fuiz
      Od sul ·xii· de ses amiz,
      En une nef est eschapez,
1644   En Normundie en est alez.
      Les pers vait requerant
      E aie lur vait demandant
      K'en Bretaigne poust repairer
1648   E de son frere se poust venger.

1623 ·4· -a¹t   1628 ses homes   1636 contʳuvat

Franceis li sunt trestut failli.
Brennes s'en turna mult marri,
En Burgoigne s'en alat,
1652 Al duc Seguin s'ajustat.
Seguin le tint en grant cherté
Kar sages eirt e afaité;
A la parfin od tute s'onur
1656 Sa fille li dunet a uxor.
Ore est mult riche Brennius
Kar mort est Seguin li dux
E le ducage li est remés
1660 Si cum lui fut ainz ju[r]ez.
Sages estait e hardiz e fers,
Curteis e bons vianders,
Des soens esteit forment amez,
1664 De ses veisins mult redutez.
Od les Franceis dunc s'aturnat
E mult grant ost puis asemblat;
En Bretaigne les menat,   *51a*
1668 Dit que de son frere se vengerat.
    Quant Belins ot qu'il sunt arivé,
Ses homes ad tost ajusté,
Tost out asemblé bele gent,
1672 Contre els chevalchat ferement.
Cum les dous ostz vunt ajustant,
La mere al rei i vint curant,
Ces escheles vait cerchant,
1676 Brenne son fiz veit demandant.
Tant ad alee les rencz cerchant
Que ele ad encontré son enfant.
Entre les braz l'ad enbracé,
1680 Plus de mil fez l'ad baisé.
Cum pece se sunt entrebaisé,
La dame l'at areisuné,
Mult ducement si lui ad dit:
1684 'Entend a moi, fiz, un petit.
Tis peres en mai t'engendrat,

1659 remis   1666 ŏst ǵrant   1677 renaz

Jo sui la mere ki t'enfantat,
En ces costes te portai,
1688 De ces mameles te leitai:
Pur ço te pri com mun enfant
Ke pardungez ton maltalant
Al rei Belin ki est tis frere
1692 Pur la priere de ta mere.
A mult grant tort l'as enhai
Kar quant cest regne t'out departi,
Tu l'en volei[e]s fors chascer,
1696 Par les Noreis desheriter.
Enpur iço t'en chasça,
Par la chasce t'eshauça
Kar si tis freres ad grant honur,
1700 Tu as, bel fiz, asez greignur.'
La reine tant ad prié
Ke Brennius s'est desarmé,
Od sa mere s'en turnat,
1704 Dreit a son frere s'en alat.
Quant Belins les vit venir,
Lur joie volt ben aemplir.
Hastivement s'est desarmé,
1708 Curant en est contre els alé.
Son frere enbracet ducement
E sil baise mult sovent
E honurat le cum son seignur,
1712 Tut li abandonat s'onur.
Les ostz se sunt entreajusté
E si se sunt entrebaisé.
A Trinovante en sunt venu,
1716 A grant joie i sunt receu.
Un an sujurnent el pais
Cum freres e cum bons amis.
Puis od grant ost qu'il unt asemblé
1720 Tute France unt conquesté,
Entresque Rume vunt conquerant,
Grant barnage vunt demenant.
Cum la venent, par grant ferté
1724 Asegé unt la grant cité,

51b

Mes dous contes trovent dedens
Ki meistres erent a cel tens,
Porsenne out a nun li uns
1728 E li altre Gabiuns.
Cil unt mandé tut le sené,
Communalment lur unt mustré
Ke li dui frere sunt tant cruel
1732 Ke nuls ne lur pot contreester:
Pur ço si loent bonement
K'il lur dungent or e argent
E hostages a lur talent
1736 Pur sei deliverer de turment.
Lur hostages ont cil pris
E lur treu i unt asis.
Puis se sunt d'iloc turné,
1740 En Germanie en sunt alé.
Iloc troverent fere gent,
Pur ço i furent longement.
    Quant Romain unt iço oi,
1744 Si se tenent pur escharni,
Mult tost si pernent compaignie
Ensemble od ces de Germanie,
Aie lur unt grant enveié,
1748 Les dous freres unt werreié.
Lur hostages sunt encuru;
Li rei s'en sunt mult irascu,
Dient ke meis ne finerunt   *sic*
1752 Tresque vengé se serrunt.
Ensemble en unt idunc parlé
E entre els l'unt devisé
Ke li uns d'els la remaindrat,
1756 Li altre a Rume s'en irrat.
Brennius s'en est turnez,
Les sons ad tuz od sei menez,
Dreit a Rume s'en alat,
1760 Dit ke de Rumeins se vengerat.
Belins remist en Germanie

Od la sue compaignie,
Dit que la terre conquerat,
1764 Aprof son frere puis irrat.
Rumain oi[e]nt la nuvele
Ke Brennius od s'ost repeire.
Trestute lur gent dunc unt mandé
1768 K'en Germanie ourent presté.
Cil se mettent al repairer,
Vers Rume se volent haster.
Belins s'en est tut acointé,
1772 La nuit sis ad dunc avancé;
Belins tute la nut chevalchat,
Mult coiment les trespassat.
Enz en un val s'est enbronché
1776 Par unt cil deveint passer.
Issi tost cum il fut jur
Li Rumain venent tut aseur,
Ne sevent mot de l'enbuschement
1780 Ke Belins ad feit celeement.
Si cum il sunt entré el val,
De tutes parz saillent li vassal;
Belins les ad si escriez
1784 Ke li Rumeins sunt tuz effraez,
Il esgardent de tutes parz,
Veient luisir ces moluz darz,
Quident que ço seit Brennius
1788 Ki seit repairé od les sons.
Cum de l'aguait les veient saillir,
Tuz comencent a fuir
E Belins les enchasçat
1792 Tute jur tresque il anutat.
Trestuz icels ki vif sunt pris   5 1d
A grant vilté sunt ocis;
Descunfit sunt mult leidement,
1796 Poi eschapent e cil vilment.
Puis que il les ad si vencuz,
Dreit a Rume en est venuz.

1775 enbr῀oche

Brenne son frere i ad trové,
1800 Treis jurs i aveit ja esté.
Trestuz sunt lez de sa venue,
Lur ost en est mult ben crue.
La cité asegent ferement
1804 E si l'asaillent esspessement.
Enprés si unt lur furches levé,
A cels dedenz si unt mandé
Ki si la cité ne volent rendre,
1808 Lur hostages i verrunt pendre.
Cil respondent que pur enfanz,
Pur nevuz ne pur parenz
La cité ne lur ert rendue.
1812 Li frere les unt mult tost pendue;
Li hostages sunt vint e quatre,
Nuls hom nes osa abatre,
Pere e mere en sunt dolenz,
1816 Quant veient pendre lur enfanz.
    Li dui conte venent avant,
Mult grant gent vunt asemblant;
Od l'ost de Rume en sunt issuz,
1820 Od les freres se sunt combatuz.
Li reis Belins od ses Bretuns
E Brenes od ses Burgoignu[n]s
Cuntre eus se sunt combatuz,
1824 Tuz les unt pris, morz e vencuz;
Gabius i fust occis
E Porsenne fust vif pris.
La cité pernent, l'or e l'argent,
1828 Sis departent a lur gent.
La cité unt un an tenu
Puis que Romeins orent vencu.
Idunc dient que il la vendrunt,
1832 Pur mil livres d'or la durrunt;
As Romains unt la cité vendu
Pur mil livres d'or mulu;
A lur escient plus ne valeit

52

1836 Ne plus prendre nuls ne poeit.
Li frere sunt dunc departiz.
Brenes remist en Lumbardiz
Ki le pais veit conquerant,
1840 Les Burguinu[n]s ben justisant.
Belins repaire en Bretaigne,
Mult amainet riche compaignie;
Tant ad porté or e argent
1844 Ke lur eirs erent puis dolent.
Li reis tint puis en peis sa terre,
Unc vers lui nuls ne mut guere.
Dunc fist faire plusurs citez
1848 Kar or e argent aveit asez.
En Sudguales fist une cité
Ke Kairuse fut apelé,
Grant tens aprés perdi cel nun
1852 Car Karliun l'apele l'um.
En la cité de Trinovante
Fist une porte mult vaillante,
Aprés son nun fust nomez,
1856 Belinesgate fust apelez;
Desur la porte fist une tur
Ki mult esteit de grant valur;
Al pé del mur nefs arivouent
1860 Ki de tutes terres venouent.
Entre les sons teneit li reis
Grant justise e bones leis,
En sun regne aveit aveir grant,
1864 Unc ainz ne puis n'en i out tant.
Puis quant morust li reis Belins,
Mult fu pluré par cel pais.
Son cors funt arder en pudre,
1868 De fin or funt un veissel fundre,
El veissel unt la pudre mis,
Par engin sur la tur asis.
Enprés lui regnat sis fiz;
1872 Cist out nu[n]s Guirguit li hardiz;

1871 regnaz

Sages hom fust e atemprez,
Hardiz e pruz, des sons amez;
Redutez ert de ses veisins
1876 Kar il destruait lur pais.
Cum il ne voleient le treu rendre   *52b*
Ke son pere en soleit prendre,
Grant navie mena li reis
1880 Sur Gutlac le rei de Daneis
Ki sis hom ne voleit devenir
Ne sa terre de lui tenir.
Gutlac li out trestut triché
1884 De ço que a son pere out afié,
Quant de Bretaigne turnat
E s'amie od sei menat.
Ore ad li reis Gutlac occis
1888 E Denemarche trestut conquis.
Quant issi ad conquis la terre
Son treu prent, si s'en repeire.
Cum repairout par Orkanie,
1892 Iloc trovat grant navie,
Trente nefs en mer curant;
Lur duc ert pruz e vaillant,
Frans hom esteit e honurez,
1896 Partoloim ert apelez.
Le rei Guirguit cist averat,
Tut sun estre puis li mustrat,
Dit que d'Espaigne esteit chascez
1900 An e demi ert ja passez,
Par mer alout un lu querant
U maindre peust od sa gent.
Li reis Guirguit en out pité,
1904 Quant ot que si sunt travaillé;
Tute Yrlande lur otreiat,
Od ses homes le i enveiat.
Issi fust Yrlande herbergee,
1908 Einceis ert guaste e desherite[e];
De cels vindrent cele gent
Ki uncore unt le casement.
Puis tint li reis sa terre en peis

1912 Tant que fust veuz e defrais,
Unkes nen ama felunie;
En grant bunté finat sa vie,
En Karliun fust enseveliz.
1916 Puis regnat Guitelins sis fiz.
Ben ·lx· anz tint cist la terre
A grant justise e sanz guerre.
Cist reis out une sage femme; _f2c_
1920 La dame out nun Martiene,
Lais Martienes controvat
Ke li reis Auvred puis traitat.
Quant morz fust reis Guitelins,
1924 La dame garda ben le pais.
Petiz esteint les enfanz,
Li ainez n'aveit que seit anz.
Quant la dame deviat,
1928 Sisilvius sis fiz dunc regnat,
Enprés lui sis fiz Kiniarus
E puis son frere Davius,
Enprés lui Morindus le tirant.
1932 Cil fust engendré de soignant,
Irus esteit a desmesure,
Mult esteit de bele estature;
Del son donat mult volunters
1936 As estranges e as privez;
De si grant force par estait
Ke son per trover l'em ne poret.
Uns riche reis de Moriens
1940 Od grant navie a icel tens
En Northumberland arivat
E la terre deguastat.
Quant ço oit reis Morandus,
1944 Ignelment od ses Bretuns
En cel pais en est venuz,
Od els si s'est combatuz.
Li Morien i sunt vencuz
1948 E lur seignur i ont perduz.
Mult en i out que morz que pris,
Asez s'en sunt vif fuiz.

Li reis feit les vifs demander,
1952 Devant sei les feit eschorcher,
Puis sis feit en fu ardeir:
Ço li delitet a veeir.
Pur ço qu'il se i combati
1956 E qu'il les Moriens venqui,
Al champ un novel nun donat,
Westmerland l'apelat.
Aprof iço ne demorat   *52d*
1960 Devers Yrlande que arivat
Une cruele beste en cele mer;
Les paisanz prist a devorer.
Quant li reis en oit parler,
1964 Unckes ne volt plus demorer;
Ignelment la s'en alat
E dit que a mort la berserat.
Trestut sul i est alez,
1968 Tutes ses saetes i ad guastez,
La beste puis li corut sure,
Cum un pessunet le devoure.
  Si cum li reis fust devorez,
1972 Son regne est a ses fiz remez.
Cinc fiz out ainz engendrez.
Gordonius out nun li ainez,
Cil tint la terre honestement,
1976 Mult fu amé de tute gent,
Les sons sugeiz ben mainteneit
Ke nul tort ne lur fesait;
As chevalers mult bonement
1980 Dunout l'or, dunout l'argent,
Ben aveint lur livereisons,
Lur soldees e lur dons;
N'estuveit pas guerreier,
1984 Si ben lur fesait lur dreiz aveir;
E ses deus mult honurout,
Sovent les revisitout;
De grant richesse empli sa terre,
1988 Dis anz la tint enprof sanz guere.
En ceste bunté dunc est finiz,

En Trinovante fust enseveliz.
Dunc vint son frere Argallun,
1992 Unc ne fust plus mal felun,
Kar cum sis freres ert plein de bunté
Ert cesti plein de malveisté.
Les gentilz homes prist a abesser,
1996 Les malveis serfs a eshaucer,
Les riches prist a desheriter,
Grant tresor voleit amasser.
Quant ço vei[e]nt li barun,   53a
2000 De lui unt fet cum de felun,
Fors del regne l'unt chascé
Enpur sa grant cruelté.
Un son frere unt dunc pris,
2004 Elidorus out nun lui pius,
Le realme li unt duné.
Cil l'ad franchement traité;
Pur ço fut pius apelez
2008 Kar cum cinc anz out rei estez,
En une forest alat chascer
Pur sei deduire, pur berser.
Cum li reis se deduieit,
2012 Sis frere qui dechascé esteit
Par aventure i trespassat
E sul dis homes od sei menat.
Par altres terres esteit alez
2016 E mult par esteit traveillez;
Alcune gent quidat asembler
Par ki sa terre puist recoverer.
Cum veit que partut ad failli,
2020 Cum cil qui ne trovet ami,
En Bretaigne est repairez,
Cum cil qui partut est dechascez.
Cum le rei ad son frere veu,
2024 Mult tost contre li est coru,
Entre ses braz l'ad enbrascé,
Plus de mil feiz l'ad baisé;

2026 Puis

Puis si l'ad od sei mené
2028 Dedenz Alclud sa cité;
En sa chambre priveement
Fist servir lui e sa gent.
Malade se feinst Elidorus,
2032 Mult tost mande ses baruns.
A Alclud en sunt venu,
A grant joie i sunt receu.
Li reis est malade forment,
2036 Si com dient li chambreleng;
Pur la noise que ne pot suffrir
Un e un feit a sei venir.
Com il sunt en la chambre entré,
2040 Itels i trovent qui sunt armé
Ki jurent qu'il les oscirunt
U Archallon a rei receverunt.
Li reis les ad si enginez   *53b*
2044 Ki trestuz lui unt jurez
Ke son frere de rechef recevrunt
E el realme le maintendrunt.
A Eve[r]wic en sunt alez,
2048 Li reis i ad son frere menez,
Veant tuz l'ad recoruné,
Si li ad rendu le regné.
Tut est muez Argulum,
2052 Mult fud dunkes gentil hom,
A chescon rendit s'erité,
Par lui n'est nuls desherité,
Li franc sunt par li eshaucé,
2056 Li serf, li quilunt abeissé;
A chescon le son rendeit,
Dreite justise entre els teneit.
Enprof dis anz si est finiz,
2060 En Kairleil enseveliz.
Elidurus donc est corunez,
Mes par ses freres est dechascés.
Cil l'unt pris e mis en prison
2064 En Trinovante en une tur;
Ileoc le funt tresben garder,

Le regne pernent a governer.
Li uns out nun Vigenius
2068 E l'autre Peredurus,
Mes ainz qu'il ourent regné dis anz
Amdu morurent sanz enfanz.
De prison fut donc deliverez
2072 Elidurus e recorunez;
Terce fez fut dunc reis feiz,
Le regne tint ben e en peis.
    Emprés lui furent ·xxxv· reis,
2076 Chescon d'els tint diverse leis.
Cinc cenz anz tindrent cil la terre,
Li uns od peis, li altre od guere.
Si ourent nun qui donc regnerent
2080 E ki la terre governerent:
Regin, Margan, Finannius,
Idwal, Rune, Genocius,
Catel, Portex, Coillus,
2084 Endrage, Eliud, Eldadus,
Grem, Fulgen, Uranius,
Eliduc, Datel, Gurguncius,
Beludo, Caph, Merianus,
2088 Hoel e Silvius,
Bledgabet e Kimarus,
Armacail e Damus,
Eldolf, Redo, Rederciuns,
2092 Samuil, Gorbonius,
Pir, Capoir, Eligellus,
Cist fust le soverein de tuz.
Hely sis fiz tint puis la terre
2096 ·Xl· anz en peis senz guerre.
Cil out treis fiz qui furent pruz,
Lud, Cassibellanne e Nennius.
    Quant Hely li reis fu morz,
2100 Lud sis fiz par grant efforz
La terre prist a governer.
Les citez fist renoveler;
Sur tuz altres amat
2104 Trinovante, si la redrescat,

53c

De riches turs l'avirunat,
Bons paleis faire i comandat,
Le plus de l'an i soleit ester,
2108 Pur ço li fist son nun doner,
Kairlud fust apelez,
Uncore en est Lundres nomez.
En la cité fist une porte
2112 Ke mult esteit e riche e forte;
Li reis un nun lui donat,
Londenesgate l'apelat.
La fust sis cors enterrez,
2116 Com en cest secle fust finez.
Sa terre aveit aincés doné,
A ses deus fiz ad otrié,
Mes pur ceo ke petiz esteint
2120 E tenir terre pas ne poeint,
A son frere les comandat,
Cassibellanne qu'il mult amat.
Cil fist le rei ensevelir,
2124 Ses fiz fist ben norir,
La terre prist a governer
E si se fist rei coruner.
Mult ben crurent li enfanz,
2128 Dedenz quinz[e] anz furent granz.   *53d*
Li uns out nun Tenuacius,
Li altre out nun Androgeus.
Li reis nes volt pas desheriter,
2132 Del regne lur volt lur part doner,
Androgem Lundres donat,
A l'altre Cornewalle otriat.
Cum dient li romein escrit
2136 E cil qui les anz unt lit,
Uns ert dunc sire del sené
Ki Julius Cesar fut apelé.
Cist aveit suz sei Romanie,
2140 France, Burgoigne e Germanie,
Aquitaigne, Angeu e Turoigne,

2125 governir

Normondie, Flandres e Boloigne.
Cist fust uns hom de mult grant sens,
2144 Des jurs de l'an sout ben les tens;
Cil furnist l'an par ·xii· mais
Ki par dis ert furni ainceis.
Com estut a Witsand sur rive de mer,
2148 Vers Bretaigne prist a esgarder,
En Dovre vit blanc dras venteler,
As paisans prist a demander:
'Ore me dites, seignurs amis,
2152 Quele terre ço est e quel pais
U jo vei ces dras blancheier
Tut dreit utre cele mer?'
Li paisant lui unt mustré
2156 Cume Bretaigne est herbergé
E com de la lignee as Troiens
Sunt les Bretons e les Romeins.
Cesar respont tut en riant:
2160 'A vostre dit sumes d'une gent
Kar cum Eneas fust pere a nus,
A els fust peres sis nez Brutus,
Mais jo quid ke il sunt forligné,
2164 Quant isci se sunt herbergé.
Ne sai cum se pousent defendre
Ke treu ne lur estocet rendre.'
As Bretons ad donc mandé
2168 Par cels qu'il i ad envaié
Ke treu lui seient rendant
De la terre que sunt tenant.
Li messager sunt donc arivé
2172 En Bretaigne le regné,
Cassiballane unt tut mustré
Ke Julie Cesar li ad mandé.
Li reis oit le mandement
2176 Ke Cesar fait tant ferement;
Le bref lit oiant sa gent,
Puis respont curteisement:
'Li Romein sunt mult envius
2180 E d'aver trop cuveitus;

54a

G

De nus requerent or e argent
E volent que treu seium rendant
E volt Cesar que serf seum
2184 De tant de terre cum nus tenum
Des ore pardurablement
A lui e a romaine gent;
Mes mult par s'est il avilez,
2188 Quant il iço nus ad mandez;
Poi se purpense que sumes né
Trestuz d'un mult franc parenté,
E quant sumes d'un parenté
2192 E de Enea sumes tuz né,
Si altre nus vousist culvertir,
Il nus devrait ben franchir.
Meis ore sachet vostre sire,
2196 E pur veir lui poez dire,
Franchise pur li ne perderum
Ne treu ne lui rendrum.
Si par mal volt sur nus venir,
2200 Arere le ferum resortir;
Pur le pais nus combatrum,
Nostre franchise maintendrum.'
Turné s'en sunt lui messager
2204 E si se mettent en halte mer.
A Julie Cesar sunt repairé,
Tut lur respons lui unt mustré.
    Cesar s'en est mult curecé.
2208 Quantque il pout tost ad mandé.
Tutes les nefs de cele mer
Feit a Withsand asembler.
A Cassiballane si mandat
2212 Ke vereement le requerrat.
Com vent out a son talent,
En mer se met ignelement.
Cassiballanes est guarniz,
2216 Pur ço si mande ses amis
E tuz icés de son regné

54ᵇ

2213 v. ont a

Hastivement si ad mandé.
Idunc vindrent mult grant gent
2220 Ki sunt si home e si parent,
Sacez que cil ne lui faudrunt
Tant cum sur pez ester purrunt.
Idonc sunt tuit asemblé
2224 En Dorobelle la grant cité,
Issi out nun a icel tens,
Dovre l'apelent noz parenz.
La esteit Cassiballanus
2228 E sis conestables Belinus
Ki mult esteit al rei feeil;
Pur ço saveit tut son conseil.
Guercar i vint, rei de Norgales,
2232 E Britiel, rei de Sudguales,
Chescon ameinet quanqu'il pout;
De Gualeis grant gent i out.
D'Escoce i vint Cridioeus
2236 Ki mult esteit chevalerus,
Vint mil homes menat od sei
Ki mult erent de bel conrei.
Li reis aveit dous nevuz;
2240 De Londres vint Androgeus,
. . . .
De Cornuwaile Tenuacius,
Cist out dis mil chevalers
2244 E vint mil pouners,
De bones armes sunt ben armez,
Mult sunt cremuz e redutez.
Tut sunt venuz a la bosoigne,
2248 Nul n'i ad ki en querge essoigne,
D'armes sunt ben adubez,
De combatre ben acemez.
Cum al rei sunt tuz venu,
2252 A grant joie sunt receu.
Donc feit p[re]iser ces chevalers,
Ses serganz e ses gelduners.

54c

2253 p . . iser; *written round hole in MS. and missing letters worn*

Nennius le frere le rei
2256 Est alé veeir cest conrai.
Les chevalers qu'il vit armez
A cent mil sunt preisez,
Les archers e les pouners
2260 Preisent a treis cent millers.
Tuz dient ke la terre defendrunt
E lur franchise maintendrunt.
Cesar vint od grant efforz,
2264 En Bretaigne arive as porz,
En Tamise feit ses nefs entrer,
Ses ancres i feit mult tost geter,
Des nefs sunt mult tost issuz,
2268 Le tref le rei si est tenduz;
Des nefs ist cel grant barné,
Mult ferement s'est herbergé.
Cassiballanus l'ad veu,
2272 Mult ferement s'en est irascu.
Tuz ses barons idonc demandat,
A tuz demande qu'il ferat.
Cil respondent: 'Tost chevalchez,
2276 Ensemble od lui vus combatez,
Nel lessez pas sugurner
Entur vus ne receiter
Car ço sachez pur verité
2280 Ke s'il pot aveir fermeté,
Vus en serrez desherité
E nus huniz e dechascé.'
Li reis respont: 'Or chevalchum!
2284 Gardez que ben les fergum.
Tuit icil qui ben ferrunt,
Gent guerdon en receverunt.'
Forment chevalchent li Breton,
2288 Les dusze escheles que fet unt
Dient qu'il defendrunt le pais
Ke de Romeins ne seit conquis.
Julius Cesar les ad veu venir.

2265 entreir   2278 recccter

2292 Tant com il pout aveir leisir
Les sons comence a conforter,
Hastivement les fait armer.

54d

Il out asez des bons Romeins,
2296 De Burguinuns e de Franceis,
De Germanie out les barons,
Tuz les Flamens e les Frisons.
Eincés qu'il seient des trefs issuz,
2300 Li Breton i sunt survenuz
Kis vunt ferir vivement,
Nes esparnient de nent.
Li Romein les unt ben receu
2304 E sis unt tresben feru,
Ferement se sunt encontré,
Li uns a l'altre ben escrié.
As primers cops morz cheent tanz
2308 Ke li champs est tuz sanglanz,
De sanc veissez itels russelz
Dunt les morz sunt pur poi coverz.
Ben s'entreferent cil chevaler
2312 E cil sergant e cil archer.
Mult grant dolur i veissez,
Si vus enz el champ fussez.
Unkes mes ne fust tele guerre
2316 Par sul dous reis en nule terre.
A millers les veissez gisir
Par ces champaignes e morir.
Partut fuient cil cheval,
2320 Partut morent cil vassal.
Par aventure Nennius
E sis nés Androgeus
Od une eschele que unt ajusté
2324 L'emperur ont encontré.
Si tost com le vit Nennius,
Mult par fut lé e joius,
Si l'ad feru sur son escu
2328 Ke tut li ad desconcendu.
Cesar s'en est chaupas vengé,
Sur le halme li ad tel doné

Ke s'il ne fust si ben armé,
2332 Nennius en fust afolé;
Puis dresçat le brand d'ascer,
Uncore i quidat recovrer,
Meis Nennius fist que savant,
2336 L'escu li ad geté devant;   55a
Il le fert si sur l'escu
Ke pé e demi l'ad purfendu,
Remis i est le brand d'ascer;
2340 Tut le li estut la leisser
Kar donc i vint Androgeus
Od les Lundreis ki mult ert pruz.
Les Romeins ad ben escriez,
2344 Mult vilement les ad reusez.
Nennius se fet mult lé,
Tut seit il un poi nafré,
L'espee saisit ignelement,
2348 As Romeins mult cher la vent;
Cellui qu'il de l'espee consut
Poez saver que mort resçut;
Plus de cent en ad nafré,
2352 Cil sunt tut a mort livré.
Cum Nennius se combateit
Od l'espee qu'il teneit,
Un Romein i ad encontré
2356 Qui il en ad a mort nafré.
Lubiens out a nun li Romeins,
Unc chevaler ne fu meins vileins,
Conestables ert de grant pris,
2360 Mult le deplurent ses amis.
Li empereres en est irez
Kar mult en est afebleiez,
Les sons i veit mult desconfiz,
2364 Les Bretons lez e esbaldiz.
Cesar idunc se purpensat
Ke a ses herberges s'en irrat;
Sempres i purreit tant ester,
2368 Tost l'en surdrait grant encombrer
Car si Breton ben les ferent

E esspessement les requerent
E la lur gent tut dis creisseit,
2372 Ces a Romeins descreisseit.
Julius Cesar donc s'escriat,
Les sons entur sei reliat,
Dedenz ses trefs les feit entrer
2376 E feit sembland de herberger.
Li Breton se sunt aresté
Enmi le champ tut conreié   55b
E dient ke ne s'en turnerunt
2380 Mes le jur cler i atendrunt;
Il ert ja tut anuité
Kar le solail ert reconsé.
Iloc furent tute nuit
2384 A grant joie, a grant deduit.
Li empereres grant dol ad;
A la parfin se purpensat,
S'il iloc le jur atent,
2388 Tut i murrunt a turment.
Idonc fait mander sa gent,
Si s'en turne priveement,
Dedenz lur nefs en sunt entré,
2392 En halte mer se sunt nagé,
Trefs i remainent e paveillons
Trestut tenduz qui mult sunt bons,
Mes mot ne sevent li Breton
2396 Tresque cel' ure qu'il fust cler jur.
Com il se sunt aparceu
Ki ainz i sunt venu,
Es trefs trovent or e argent,
2400 Pailles e bon garnement.
    Cassibellanus en est mariz
E si se tint a escharniz,
Quant l'emperere est eschapez
2404 E qu'il issi s'en est alez,
Mais de ço est eliescé
Ke par li est vencu e dechascé.
Tuz ses barons donc demandat,
2408 Mult riche dons si lur donat.

Puis fust li reis mult dolerus:
Sis frere morut Nennius;
Icil vereiment se moreit
2412 De la plaie que receu aveit.
Dedenz quinzaine fust finiz,
En Trinovante enseveliz;
L'espee est od lui enterrez
2416 Ki Mors Croz ert apelez;
Mors Croz fust apelez
Pur ço que fust envenimez
E ki nafré en esteient
2420 De la plae se moreint.   550
    Repairez est donc Julius
En Boloigne mult vergundus,
Descumfit fust mult leidement,
2424 Trop ad perdu de sa gent;
Des sons rest dunc trop avilé,
Vers lui se sunt tut revelé,
Loerengs, Tieis e Alemans
2428 E li Franceis e li Normans.
Par tutes terres fut seue
E la parole fust espandue
Ke od les Bretons se ert combatu
2432 E qu'il l'aveient vencu.
Entre els encore si diseient
K'il tres ben le saveient
Ke le reis Cassibellanus
2436 Aveit mandé tuz ses Bretons;
Comandé lur ad par banie
K'il asemblent grant navie;
Ço diseient qu'il passereit,
2440 Od Julie Cesar se combatereit.
De ceste novele est effreé
Julie Cesar e esmaé.
Lez en esteint si enemi
2444 E mult dolent si ami.
Li empereres ert mult pensis
Com tenir poust cel pais

2432 aueiēit

Ke de li ne se sevrassent
2448 E qu'il nel gueraiassent.
A la parfin se purpensat
K'il a tuz s'afaiterat,
As riches durrat mult largement
2452 De son or e de son argent
E les povres franchirat
E de servage deliverat,
Chers les tendrat a son poeir
2456 Par sun sens, par son aveir.
Donc enveiat mult riche dons
As reis, as contes, as barons,
A sei les ad ben aliez,
2460 De tuz est preisez e amez.
Ainz que des sons eust l'amur,
Sur mer fist faire une grant tur
U dedenz se poust receter,
2464 Si mes li sursist encumbrer.
La tur fu faite en Boloigne
Enpur icele busoigne,
Tur d'Odene l'apelent li paisant
2468 E li velz home e li enfant.
    Julius Cesar est mult lez,
Quant de ses homes est mult amez;
Dunkes est humbles com un enfant
2472 Ki ainz esteit leon tirant.
Li empereres chescon jur
En son quer out grant dolur
De ceo que fait li aveint
2476 Cil ki en Bretaigne esteint.
S'il pot, uncore se vengerat
Tant com il plus tost purrat,
Pas ne lereit pur perdre vie,
2480 Quelke ço seit sens u folie.
Cil de Bretaigne l'ont ben oi
E si sunt tres ben guarni,
Lur citez font renoveler
2484 E lur porz tres bien gaiter;
L'ewe de Tamise fust ben palé,

55d

     Les pels tres ben asceré,
     Les chefs desuis sunt ascerez,
2488 Icels desuz tres ben plumez.
     Si com dient li paisant,
     En cel' ewe que tant est grant
     Uncore pout l'em asez trover
2492 Ben grant trunçuns de ces peus.
     Si li emperere repaire,
     Cil li purrunt faire contraire,
     Asez tost l'encumberrunt,
2496 Ke li Breton le desconferunt.
     Il revendrat veirement
     Kar asemblé ad mult grant gent.
     Son eire ben appareillat,
2500 Dous anz pleners unc ne finat.
     Il out od sei asemblé
     Mult grant gent d'altre regné.
     Il out od sei Moridiens
2504 E Pincenaes e Indiens,   56a
     Il out od sei les Macedons
     E d'Affrike les barons,
     De Arabie e de Romanie,
2508 E tuz icels de Hungrie,
     Il out od sei les Burgoignons
     E tuz icels deça les mons.
     Il out ajusté grant gent
2512 Kar asez out or e argent.
     Od ceste gent se met en mer,
     En Bretaigne volt repairer;
     Vent ont bon e a talent,
2516 Tresque a Tamise venent corent,
     La sunt venu sigles levez,
     A millers i sunt perilez.
     A tant se sunt aparceu
2520 Com par les peuz sunt deceu.
     Mult en i ad des perilez,
     Meint riche home i est neiez.
     Icil ki detrés veneient

2523 de trefs

2524 Si tost cum pourent a terre treient.
       Li emperere est mult dolent,
       Quant issi veit periller sa gent,
       Meis nepurquant cum plus tost pout
2528 A terre vint od cels k'il out.
       Com a la terre sunt venuz,
       Des nefs sunt mult tost issuz,
       Lur escheles funt ajuster,
2532 A la bataille ben acemer.
       Li Breton sunt tot asemblé
       Ki tres ben les unt esgardé;
       Mult par sunt lez des perillez
2536 E dolenz des eschapez.
       Si tost com il les veient a terre,
       Ignelment les vunt requere;
       Ben les ferent li Breton,
2540 Cil les receivent cum baron.
       Les escheles ont [a]justé,
       Tres ben se sunt entrecontré,
       Li Franc le[s] ferent vivement,
2544 Li Breton morent a grant turment,
       Li Romein sunt mult irez,
       Lur nefs ont tres ben vengez.
       Il n'ont chastel ne fermetez,   56b
2548 Mes de lur armes sunt ben armez.
       Li emperere ben s'escrie,
       Entur sei les sons ralie,
       Dit pur pour de perdre vie
2552 Le jur ne ferat coardie.
       Les Bretons vait mult ben ferant,
       Mult cher lur vait sa ire vendant,
       Vencu les ust demaintenant,
2556 S'il n'ust perdu de sa gent,
       Mes pur sa gent qu'il out perdu
       Li empereres fust vencu
       Kar li son tut dis descresaient,
2560 Cels as Bretons si creissaient.

2524 poureit

Vers ses nefs donc s'en fuit,
A mort se tent e a hunit,
A poi de gent donc s'en alat,
2564 Avisunkes en eschapat,
Plus ad perdu de cent millers
Estre cels que sunt naiez;
A male paine est eschapez.
2568 En Boloigne en est alez,
En sa tur donc est entrez
K'il out ainz ben aprestez.
Sa gent s'en sunt tut departi,
2572 De lur perte sunt marri
Kar lur homes ont perdu
E il meimes i sunt vencu.
Il ont perdu or e argent,
2576 Venu s'en sunt a grant turment.
Cassibellanus li hardiz
Mult par s'en est esbaudiz.
Com vencu ad l'emperur
2580 E chascé hors de s'onur,
Ses deus volt mult honurer,
Si lur en volt sacrifier.
Tuz ses barons donc demandat,
2584 Dedenz Lundres les assemblat,
Hommes e femmes i fist venir,
Mult richement les fait servir;
Puis si vunt tuz sacrifier,
2588 A lur idles beus dons doner;
De bofs i out quarante mile
E de motuns plus de cent mile,
De bestes salvages trente mile,
2592 Senz numbre i out volatille.
Quant ont fet lur sacrifise
A lur deus e gent servise,
A grant joie vunt duncke manger,
2596 Puis s'aprestent de juer.
Li chevaler vunt bourder,

2564 est *erased before* en

Asquans se peinent de lancer,
Li uns volt la pere geter,
2600 Tuz se peinent de bel juer.
Un giu amouent el pais,
Li mestres en aveit grant pris;
Ço est le giu de l'eschermie,
2604 Li uns a l'altre en porte envie.
        Uns nés le rei ki mult ert pruz
E mult esteit amez de tuz
Le talevaz ad enbracé
2608 E compaignon ad demandé.
Hirenglas out cist a nun,
N'ert pas esquier ne garçun
Meis juvencels de mult grant pris,
2612 En la curt out asez amis.
Si com icist esteit el champ
E son cors alout bel mollant,
A ceo vint iloc Evelinus,
2616 Uns nés le duc Androgeus.
Cil li ad dit tut en riant:
'Ore en sumes venu a tant,
Sempres savrum ki meistre serrat,
2620 Li quels de nus plus en savrat.'
Venu en sunt a l'eschermie
Dont puis surd mult grant folie;
Chescon en volt aveir le pris.
2624 Li nés le rei i fut occis
Kar entre els comencent a tencer,
Li uns d'els l'altre a aviler;
Hirenglas le començat,
2628 Malveis guain i gaignat
Kar Evelins lui tolt l'espee,
Si l'en donat mortel colee;
Ne l'en volt faire manace,
2632 La teste fait voler en la place.   56d
Es vus la curt tute mestee
Ki pur joie ert asemble[e].

2615 E as c.

La novele est venu al rei,
2636 Pugnant i vint tut a desrei,
Corant i venent li real,
Mult manacent le vassal.
Evelins s'en est desturné,
2640 Al duc son uncle en est alé.
Li reis ferement le mandat
E dit qu'il s'en vengerat
Kar quant son neveu est occis,
2644 Il ne pout pas eschaper vifs;
Puis si mande a son nevu,
Le duc de Lundres Androgeu,
K'il l'amenet devant sa gent
2648 Pur faire son comandement.
Li dux respont que nun ferat,
Mes en sa curt a dreit l'averat;
Del rei cremeit la grant ire
2652 K'il nel faist tost occire.
    Quant li reis ot qu'il ne l'averat,
Le duc son nevu desfiat,
Sil comencet a guerraier,
2656 Sa terre prent a deguaster.
Li dux l'ad sovent requis
Par ses pers, par ses amis,
Si lui pleust, nel guerraiast,
2660 Mes pais aver lui leissast.
Li reis ne se volt pas retraire,
Einz le comence pis a faire.
Li dux s'en prent a purpenser
2664 Com il s'en poust deliverer;
A la parfin se purpensat,
A Julie Cesar se prendrat.
Par les sons dunc le mandat,
2668 Itel bref lui enveiat:
'Androgeus de Lundres dux
A Julie Cesar mande saluz.
Aprof grant enemistez

2664 deliverir   2671 Apros

2672 Surdent ben grant amistez.
　　　Ore sachez ben que jo te mand
　　　Ke forment sui repentant
　　　De tut iço que te forfis,
2676 Quant [en] nostre terre venis.
　　　Si en mei me fusse tenu,
　　　Cassibellane ussez vencu
　　　Ki ore est tant orgoillus
2680 Ke ren ne volt faire pur nus.
　　　Jo l'ai tenu en herité,
　　　Tute Bretaigne lui ai doné.
　　　Ore me volt desheriter
2684 E fors de la terre chascer.
　　　Mes Deu en trai ben a guarant,
　　　Ne lui forfis tant ne quant,
　　　Si ço n'est a forfet conté
2688 Ke tenu l'ai en herité;
　　　Mes l'acheson vus musterai,
　　　Si que de ren ne mentirai.
　　　A nos deus alames sacrifier,
2692 Puis alames beivre e manger,
　　　Puis alames pur desporter
　　　E pur nos jus renoveler
　　　E eschermirent nos dous nevus
2696 Ki mult erent hardiz e pruz.
　　　Com jué ourent longement,
　　　Mis nés fust maistre vairement.
　　　Icil se tint a avilé,
2700 Ferir le volt, tant fust iré;
　　　Quant mon nevu iço veit,
　　　Saisit l'espee qu'il teneit,
　　　Des poinz la li volt tolir
2704 Qu'il ne poust mie ferir.
　　　Com si estrivouent, a mal' ure
　　　Li nés le rei chai sure,
　　　De l'espee s'est nafrez
2708 Ke tut est morz el champ remés.

2679 t. g o.　2705 est¹uauent　2708 remis

Com li reis out iço oi,
Sachez mult en fust marri,
A sa cort si me mandat,
2712 Mon home amener me comandat.
Jo ne l'i voil pas faire mener
Kar il le voleit faire tuer.
Se il en ma cort volsist venir,
2716 Drait l'en fraie a son plaisir.
Drais emperere, ore sez tu la ire
Pur quei me guerreie mis sire,
Mes ore en ven pur mei aider,
2720 Jo t'en frai treu doner.'   *57b*
      Li empereres out le bref lit,
Mult par est lez de tel escrit,
Mes nepurquant dist as messages:
2724 'N'irrai, si jo n'ai hostages.'
Li dux son fiz donc demandat,
Scena out nun, si l'en enveiat
E od lui trente juvencels
2728 De son lin ki tuz sunt lels.
Donc fut Cesar aseurez,
Sachez que mult en fust lez.
Quanque il pout mult tost mandat
2732 E en ses nefs tost entrat;
Vent ont bon e a talent,
En Bretaigne vunt deliverement.
A Dovre sunt donc arivez,
2736 Iloc se sunt bel herbergez.
Li reis out Lundres asegé
Od grant gent que out asemblé.
Quant ot qu'il sunt arivez,
2740 Mult tost est contre els alez.
Li reis ad tant chevalché
E ses homes ad tant mené
Ke les Romeins vit devant sei;
2744 Les soens reliat donc entur sei.
Li Romein les ont veu

2744 Kes   2745 Ki

Ki ben les ont coneu.
En un val erent herbergé,
2748 Li dux les i out mené;
Ignelement se sunt armé,
Lur escheles ben ordené,
Encontre els sunt chevalché,
2752 Od les Bretons se sunt medlé;
Mult s'entreferent vivement,
Ne s'esparnient de nent,
Entre els se combatent com senglers,
2756 Par ces champs morent a millers.
Donc i survint Androgeus
Ki mult esteit chevalerus;
Enbusché ert od cinc millers
2760 K'il aveit de chevalers.
Cist survint sudeinement
En aie a la romaine gent.
Julius Cesar s'en fist mult lez,
2764 Cassibellane en est irez
Kar mult en meine bele gent.
Es dos les fert hardiement,
L'eschele le rei unt trespercé,
2768 As Romains se sunt ajusté.
Androgeus est de fier talent,
Pur ço les fiert mult vivement.
Idunc i fierent communement
2772 Li dux e la romeine gent,
Mult s'esbaldisent li Romein,
De la victorie sunt certein,
Li Breton nel poent sufrir
2776 Ne ne se poent departir.
Cassibellanus est mult irez,
Quant veit que si est malmenez.
Li son nel poent mes suffrir,
2780 Einz lur estoit del champ fuir.
Des oilz ploret mult tendrement,
Entur sei raliet sa gent,

57c

748 Ki

H

Puis s'en turne combatant;
2784 A un grant mont venent fuiant.
Iloc se sunt tuit aresté,
En sum cel mont en sunt monté.
Li monz esteit trestut perrus,
2788 Un grant coldun ert la desus.
Li Romein les vunt dechasçant
E li dux od sa gent grant,
Le mont quident sur els prendre.
2792 Cil se peinent del defendre.
Li real ki sunt el mont
De icels ki el val sunt
Od les perres funt grant damage,
2796 Occient les a male rage,
Ke li Romain de l'une part,
Androgeus de l'altre part,
Mult egrement les asaillént
2800 E tut dis plus e plus i perdént.
Quant il les veient si defendre,
E vei[e]nt qu'il nes purrunt prendre,
Ne volent plus perdre de lur gent,
2804 L'asalt lessent a itant.
Julie Cesar donc apelat
Androgeum, si li demandat:
'Bel sire dux, quei ferrum?
2808 Irrum nus en u remaindrum?'   57
Li dux li dist: 'Pas n'en irrez.
Tut environ les asegez,
Ja mes de ci ne turnerum
2812 Tresque tuz pris les averum.'
Segé sunt ben li Breton
Tute nuit e tute jur.
U as Romeins s'afaiterunt
2816 U de faim tut i morunt.
Si vus eussez esté el champ,
Asez i veissez espandre sanc
E morir tant bon chevaler,
2820 Tant bon sergant, tant bon archer.
Fort i serreit le numbre a dire

De cels ki i suffrirent martyre.
Ahi! Quel dol de chevaler,
2824 De gentil rei, de bon guerrer,
Ki de li est ore vencu
K'il out ainz dous feiz vencu
E ore trestut en fuiant
2828 Est tant pruz e tant vaillant
Ke cil ne l'oset envair
Ki le chef del mond ad a baillir
Ne n'est en cité n'en chastel,
2832 Ainz est sur un petit moncel.
Iloc lur rendi tel estur,
Li plus hardiz en out pour.
A la parfin se purpensat
2836 Cassibellane cum le ferat.
En nul sens ne volt fuir,
Ainz se larrat de faim morir.
Donc apelat tuz ses barons.
2840 'Seignurs', fet il, 'que feroms?
Isci nus est fort a rester,
Longes nel purroms endurer.
Ne sai engin nul purpenser
2844 Com nus nus pussum deliverer.
Si par bataille ci sumes pris,
Sempres serrum en prison mis.
Si vus loez, ore manderai
2848 Mon nevu, si li prierai
K'il m'afait od l'emperur,
Issi qu'il en ait honur.'
Cil responent: 'Ben le loums.
2852 Hastivement i envaium.'
Li reis ad donc enveié,
Mult ducement l'en ad prié:
'Merci vus cri, bels nés amiz,
2856 Gardez que ne seiez huniz
Kar si jo vus guerr[ei]aie,
Uncque vostre mort ne desiraie.
Ore vus pri que m'en aidez,
2860 Od ces Romains m'afaitez

58a

Kar ki unckes me honurat
A vus nul honur ne frat;
E si par ire vus forfis,
2864　Ore m'en repent car jo mesfis.'
　　　Androgeus s'en esjoit
Mult forment, quant il l'oit,
E merciat son creatur
2868　Ki fet li ad si grant honur.
Donc dit: 'Ne deit tenir honur
Ne ne fet a preiser cel seignur
Ki en pes est hardiz leons
2872　E en bataille coard motuns.
Il me soleit ja comander,
Ore me comencet a prier;
De ço se deust il purpenser,
2876　Quant il me començat a guereier.
Quant sui plus poestifs
Ke chascer le puis del pais,
Ne me deust pas corucer
2880　Ne mes terres chalanger.
Il me volt ma curt tolir,
Veant les sons me volt hunir;
Ore ne me quer jo plus venger,
2884　Ainz le larrum a tant ester
Kar asez me sui jo vengé,
Quant il m'ad merci crié.
Od les Romains l'afeterai,
2888　Issi cum meuz purrai.'
　　　Donc s'en turnat Androcheus,
A Julie Cesar en est venuz.
L'emperur ad bel salué,
2892　Curteisement l'ad aresuné:
'Sire emperur, ore seiez lé,
De Cassibellane estes vengé.
Des ore vus estot aveir merci
2896　Ke mon lignage ne seit huni.
Si vus plet, od vus s'afaiterat,

2897 se faiterat

58b

Vostre afiez si devendrat,
Bretaigne de vus conuisterat
2900 E treu vus en rendrat.'
    Cesar s'en fet mult orguilus,
    Unc n'en degna doner respons.
    Quant Androcheus iço vit,
2904 Donc parole d'altre escrit:
    'Emperere, ore escutez,
    Quant respondre ne me deignez.
    Vos covenances vus ai tenu,
2908 Cassiballane vus ai vencu,
    Suget vus est tut cest regné,
    Mes ostages sunt aquité;
    Mis uncles m'ad ça enveié,
2912 Treu vus offre del regné;
    Tenu vus ai vos covenanz,
    De Bretaigne estes poanz.
    Li reis se volt od vus afaiter
2916 E de la terre treu doner.
    Jo vus lo que vus afaitez
    U si ço nun, tres ben sacez
    Ke jo od lui me reprendrai,
2920 Del tut en tut si me tendrai
    Kar tant cum jo su vifs,
    Li reis mis uncles ne serrat huniz.
    Si cum par mei est encumbré,
2924 Par mei serrat tost delivré.'
        Quant ço oit li emperere,
    Pour out, si muat sa chere.
    Od le rei mult tost s'afaitat,
2928 Son treu si lui nomat,
    Par an fut treis mil livres.
    Cassibellanus fut deliveres,
    De Julie Cesar est mult amez,
2932 Riches dons se sunt en[tre]donez.
    Idonc furent enz el pais
    Trestut l'ivern cum bons amis.

2925 emperur   2927 safaiterat

Issi tost cum vint l'esté,
2936 Julius Cesar s'en est alé.
Par ses terres s'en alat
E mult grant gent i assemblat,
A Rume en est venu,
2940 Od Pompeie s'est cumbatu.   58c
Alez s'en est danz Julius
E remist Cassibellanus
Ki la terre ad governé
2944 Seit anz pleners par grant ferté.
Enprof seit anz fust finiz,
En Ewerwic fut enseveliz.
Li reis esteit forment amez,
2948 Pur ço esteit mult deplurez.
Tut li baron del regné
A Lundres sunt asemblé
Saveir de ki ferunt seignur
2952 E a ki il durrunt l'onur.
Com longuement en unt parlé
A Tenuace l'unt doné
Ki de Cornewale fust dux
2956 E esteit frere Androcheus
Kar Androcheus esteit a Rome alé,
Julius Cesar l'en out mené;
Pur ço fut feit reis Tenuacius
2960 Ki mult esteit ardiz e pruz.
Cil tint la terre lungement,
Mult fut amez de tute gent.
Un fiz out qui mult fut pruz,
2964 Cil out a nun Kimbellinus.
Li reis son pere mult l'amat,
Pur ço a Rume l'enveiat
Pur servir l'emperur
2968 Ki tint l'empire a icel jur.
Trente anz pleners e alques plus
Regnat dan Tenuacius.
Icil refist plusurs citez
2972 Ki chaeit erent d'antiquitez.
Si tost cum il fut finez,

Li Breton unt a Rume enveiez,
Son fiz en unt amené,
2976 Le realme li unt doné.
Ço fut li reis Kimbellins
Ki as Romeins fut si amis
Ke treu ne li estut doner,
2980 Tut le lui voldrunt pardoner.
A son tens fut tel pais en terre,
Nul n'en sout parler de guerre.
Augustus fust emperur
2984 Ki tut le mond tint a honur.   *58d*
Si cum dit seinte escripture,
Iço fut la beneite hure
Ke Deus par sa deité
2988 En terre prist humanité;
En lur tens fust anuncié
E de la pucele né
Jesu nostre bon seignur
2992 Par la sue grant duçur;
Par lui sunt trestuz salvé,
Ki en son nun sunt baptizé
E meintenent crestienté
2996 Si com il esteit autorizé.
Ore larrum a tant ester,
Un petit volum reposer
E nostre aleine recoverer,
3000 De l'estorie voldrum conter.
A icel tens que Deus fust né
Kimbellins out dis anz regné.
Cist out dous fiz engendré.
3004 Guider out nun li enné,
Li altre out nun Arviragus,
Amdu li frere erent pruz.
Quant mort fust reis Kimbellins
3008 A Guider remist le pais.
Les Romains hait quanqu'il pout,
Treu rendre ne lur volt.

Claudius pur iço i vint
3012 Ki a icel tens l'emperie tint.
A Porecestre est arivé,
La cité si ad asegé;
Od sei out un compaignun,
3016 Cist out a nun Lesius Hamun,
Icist esteit sis conseillers,
Conestables des chevalers.
Cil unt Porecestre ben asis,
3020 N'en turnerunt, si l'averunt pris.
Par le regne ert ja conu
Que Claudius ert venu.
Guider s'en est ben apresté,
3024 Ses homes ad trestuz mandé.
Com si hume sunt trestuz asemblé,
Sur les Romeins en est alé,
Od els si se combatit,
3028 Del sege les ad departit.
Li reis Guider esspessement
Sur els feseit l'envaiment,
Plus de cent en ad occis,
3032 K'il consuit n'eschape vifs.
Des Romains asez i morirent,
Li Breton mult i reperdirent.
Li Romain nel porent suffrir,
3036 Einz lur estut le champ guerpir,
Vers lur nefs s'en sunt turné,
Tut descunfit s'en sunt alé.
Li Breton les vunt dechasçant,
3040 Si en vunt asez pernant.
Lesius Hamun se purpensat
Cum les Bretons enginerat
Kis deschaçouent si vilment,
3044 Sis occient a turment.
Un grant engin donc controvat,
Mais gueres ne lui profitat;
De ses armes se desarmat,

59

3047 Des s.

3048 De ces as Bretons si s'armat,
Od les Bretons si s'est ajusté,
Les sons si ad donc dechascé;
Lur escheles ad tant cerché,
3052 Al rei Guider s'est ajusté
Trestut despurvuement.
Iloc l'oscist entre sa gent.
Des Bretons est donc eschapez,
3056 As Romains s'est ajuste[z],
Les sons quidat ben esbaudir,
El champ les quidat retenir,
Cum i survint Arviragus,
3060 Frere le rei qui mult ert pruz.
Quant son frere trovat occis,
Dolenz en fust e mariz.
Nepurquant ben se purpensat,
3064 De ses armes tost s'armat,
Puis veit les Bretons conduant
E les Romeins veit dechasçant.
Ben ad son frere d'els vengé,
3068 Asez en ad Romeins decolé.
Hamund se tint pur escharni,
Quant si forment le parsui,
Ben quidat que ço fust li reis
3072 K'il aveit occis anceis.
De l'altre part tut li Breton
Quident que ço seit lur seignur,
Il ne sevent pas de l'aventure
3076 Ki est avenu pesme e dure.
Li son fuent vilment,
Departi sunt en deus lur gent,
As nefs s'en fuit Claudius,
3080 A la forest Hamund Lesius;
La maiur partie le suit.
Arviragus, quant il iço oit,
Cele partie alat suant
3084 Od trestute la sue gent;

59b

3067–71 *hole in MS. written round*

Quidat que la fust Claudius,
Del sure fut mult anguissus,
De liu en liu les alat suant,
3088 Sur la mer les vint ateignant.
Iloc fust occis Hamuns,
Ensemble od lui asez des sons.
Al rivage leissat son nun,
3092 Hamtone l'apele l'om.
Claudius vint a ses nefs.
Entur sei reliat les sons,
Ne lessat mie pur cest encumbrer,
3096 Porecestre ralat aseger,
Par force ad les murs brusez.
Cil se sunt od li afaitez.
Puis d'ilokes s'en turnat,
3100 Dreit a Wincestre s'en alat.
Dedenz ert Arviragus,
Ensemble od lui tuz ses barons
Ki si tost cum il l'unt veu
3104 Encontre le rei en sunt eissu.
Com li emperere les vist,
Les sons apelet, si lur dist:
'La bataille ja endreit avrum,
3108 Si nus [a]tendre la volum,
Meis, seignurs, ore entendez.
Si vus le me conseillez,
Encontre lui enveirai,
3112 Pais e amur lui manderai
Kar jo vei que mult est pruz
E si est amez de tuz,
E par son grant hardement
3116 Mult avum perdu de nostre gent.   *59c*
S'il volt estre mon afié
E de moi conustre le regné,
Trestute ma ire lui pardurai,
3120 Ma fille a femme lui durrai.'
Li Romein l'ont ben otreié.

3111 enve'rai

Par messages unt tant parlé
K'il se sunt entreasemblé
3124 E si se sunt entreafaité.
Ore sunt ensemble cum pere e fiz.
Li emperere fist ses escriz,
A Rume tost les enveiat,
3128 Sa enzné fille tost mandat.
Li messager s'en sunt turné.
Li reis od tut cels del regné
En Orkenie en est alé,
3132 Tutes celes isles ad conquesté.
Cum de la sunt repairé,
Trestut l'iver ount sujurné.
Li messager venent contre l'esté
3136 Ki la pucele unt mené.
Genuissa out nun la pucele,
De ça les munz n'out plus bele.
A Arviragum fust donee
3140 Ki a honur l'ad espusee.
Cum li reis espusé l'ad,
Sur tutes choses l'amat,
Vers lui out si grant amur
3144 Unc home vers femme n'out maiur.
Pur s'amur fist une cité
Par mult grant nobilité
Ki Kairglauc fust donc nomé,
3148 Uncore est Gloucestre apellé.
Li reis iloc ses noces tint,
Sachez que grant gent i vint,
Romeins i vindrent e Franceis,
3152 Bretons i furent e Gualeis.
Mult fu lez li empereres
De ces noces que sunt pleneres.
En ceste joie se purpensat
3156 Com son gendre honurat;
Veant trestuz l'at apelé,
Mult gentement l'ad doné
Les isles que out conquesté   *59d*
3160 Despois qu'il out la mer passé;

Puis est departi cel barné,
Chescon en est a[s] son[s] alé.
Cesar qui ço ad greié
3164 A Rome s'en est repairé.
Alez s'en est dan Claudius
E donc remist Arviragus
Ki par sens e vigur
3168 Les terres tint a grant honur;
Des Romains fut mult amez
Par sa pruesce e honurés.
Asez refit plusurs citez
3172 Par le pais e fermetez.
A icel terme erent mult
Crestienté par tut le mond
Kar sen Pere a Rome vint
3176 Ki primes l'eveské tint,
En Egipte si enveiat
Sen Marc qu'il mult amat
Ki seinte euuangelie escrit
3180 Si com il de li l'aprit;
E li disciple Dampnedeu,
Ki apostle sunt nomez,
Departi sunt diversement
3184 Pur faire le Deu comandement
Kar tut erent confortez
Del dun que Deus lur out donez
Par l'esspirit qu'il enveiat
3188 Puis qu'il el cel montat;
Si com dit seint' escripture,
En icel[e] beneite hure
Ki sur els vint l'espirit
3192 Tutes languages lur aprist.
    Cum Claudius s'en est alez
Arviragus i est remez
Ki tant devint sages e pruz
3196 K'en plusurs terres est cremuz.
Ses citez fist renoveler

3183–5 *hole in MS. written round*   3197 renovelir

E ses chastels ben refermer,
Grant justise tint en sa terre,
3200 Mult ama pes e hait guere.
Com ses chastels out refermé
E les citez renovelé,   *60a*
Gentilz maisnee ad assemblé,
3204 Del son lur ad asez doné.
Vers les Romeins s'enorguillit
E lur treu si lur tolit.
Enpur iço tut le sené
3208 Vaspasien i unt enveié.
Icist dux volt od [ses] efforz
A Pevenessé ariver as porz,
Meis n'i sunt pas arivez
3212 Kar li reis lur ad veez.
Vaspasien donc s'en turnat,
En Totenés donc arivat.
Si tost cum il est arivé,
3216 Excestre ad assegé.
Cum assegé l'out ·viii· jurs,
Si survint Arviragus,
Od lui si se combatit,
3220 Meis nul d'els l'altre ne guenchit
Kar la reine entr'els alat,
Genuisse, sis affaitat,
Puis amdui communallment
3224 Hirlande conquerent od lur gent.
Puis cum lur dux out sujurné
Trestut l'ivern e vint l'esté,
De Bretaigne s'en turnat,
3228 Vaspasien si s'en alat.
Despuis si fut amis certeins
Li reis tut dis as Romeins.
Sa terre tint a grant honur,
3232 Ses veisins fist sovent pour,
Mult bones leis puis controvat,
En son regne confermat.

1 99–201 *hole in MS. written round*

Cist fut mult bon duneur,
3236   En Europe n'en out meillur,
Des Romeins fust mult amez
E[m]pur ses fez e redutez,
Sur tuz les reis sil honorouent,
3240   Sovent beuls dons lui enveioent,
En guere esteit ardiz e pruz,
En pes esteit humbles e duz,
A[s] sons ert simples cum un enfant,
3244   Seignor aveient a talant.
  Cum longement out si regné,   6ob
En bone fin si est finé,
En Gloucestre est enseveliz,
3248   Le regne donent puis a son fiz.
Sis fiz out nun Mari[u]s,
Cist fust mult sages e pruz,
Par mult grant sens tint le pais
3252   E les Romeins fist ses amis.
Cum cist out longement regné,
En Escoce est arivé
Roduc le reis des Pictiens
3256   Ki de Sithie vint od granz genz.
Si tost cum cist fust arivez,
La terre prist a deguaster.
Quant l'ot, sa gent mandat,
3260   Encontre lui si chivalchat.
Li reis s'est od lui combatu,
En plein champ l'at mort e vencu,
Puis son nun al champ donat,
3264   Westmerland l'apelat.
Cum i fust occis,
A sa gent qui fut remis,
Marius ad la terre doné
3268   Ki Katenés est ore apelé.
Puis tint li reis mult longement
Peis e amur entre sa gent
E franchement si ad traité
3272   Tresque sa fin tut le regné.
Emprés lui vint Coille, sis fiz,

Ki en Rome fut noriz;
Pur ço fust d'els mult amez
3276 E par sa bunté mult honurez.
Cist eshalça mult les Bretons,
Si lur donout mult riches dons.
Ben quarante anz tint cil la terre,
3280 Unc en ses jurs ne mut guere.
Si tost com morust Coillus,
Le regne out sis fiz Lucius;
Unc plus enfanz nen out sa mere.
3284 Cist de bonté venquit son pere.
Cum cist fut sire del regné,
Parler oit de crestienté
E des miracles que cil faseient
3288 Ki en Jesu Crist creeint.   60c
Icele lei donc desirat
E ses escriz si enveiat
A Leutherie, un seint hume
3292 Ki apostoile esteit de Rume,
Si lui priat mult ducement
Qu'il lui enveiast icele gent
Ki lui seusent enseigner
3296 Com il doust Deu aurer.
Li apostoile en fust mult lé,
Dous maistres lui ad enveié,
Li uns out nun Fagan
3300 E li altres Duvian.
Cist unt le rei baptizé
E as altres tant preché
Ke trestuz ces del regné
3304 Receu unt crestienté.
Quant si sunt regeneré,
Lur idles unt tuz depescé,
Les mahumeries esneié
3308 E eglises dedié.
El regne ourent ·xxviii· flames
E treis maistres archiflames,

3280 muot   3289 l. la d.

Des flames si funt eveskes,
3312 De[s] archiflames arceveskes,
Puis lur donat li reis lur sez
En ses treis maistres citez,
En Lundres e en Ewerwich,
3316 En Karliun cum dit l'escrit,
Si lur departe lur arceveschez
En tres parties del regnez;
A Karliun apendit Guales,
3320 A Lundres Logres e Cornewales,
A Everwich tute Deirun
Od tute Escoce e Berniçun.
Com li reis l'out si divisé,
3324 De l'apostoile est confermé.
Li reis est mult liescé
De la seinte crestienté,
As eglises donat grant duns
3328 De terres e de possessiuns.
Puis tint terre mult longement,
Mult fu amé de sainte gent.
Sanz eir d'espuse est finiz,
3332 En Gloucestre fut enseveliz.
Cent e cinquante anz e sis
Idonc furent acompliz
De la Deu encarnacion,
3336 Si com en escrit le trovom.
Li Breton furent senz seignur,
La terre mettent a deshonur,
Li Romein perdent lur treu,
3340 Si s'en sunt mult irascu.
Donc i enveient un sené,
Severus fut cil apelé,
Ensemble od lui deus legiuns
3344 Ki tuz furent fiz a baruns.
Cist out la terre tost apaisé
E Fulgence en out chascé
Ki grant partie del pais

60d

3346 en unt c.

3348 Aveit suppris par ses amis.
Tut ultre Escoce le chasçat;
Soventefez cil repairait
Trestut despurvuement,
3352 As Romains feseit marrement.
Li emperere en est mult irez;
Pur ço fait faire un grant fossez
De mer en mer, cum le lisum,
3356 Entre Escoce e Deirum.
Ses deus enfanz i sunt remés;
Geta out nun li einznés
E li maindres Bassianus,
3360 De part sa mere fut Bretons;
Pur ço en funt de lui seignur
E son frere tolent l'onur,
Si l'ont od les Romeins occis
3364 Ki a lui s'esteient pris.
Donc vint a Rume Carisius,
Un chivaler mult enginus,
De base gent esteit cil nez,
3368 Meis sages ert e vesziez;
De Bretaigne fut cil nez,
De grant pruesce alosez.
Par ses engins tant espleitat
3372 Ke a Rume s'en alat.
Tant s'est a els acointé
Ke trestuz lui ont otreié,
E confermé par lur escrit
3376 Sanz nul altre contredit,
K'en Bretaigne reperast
E grant navie asemblast,
La terre alast par mer defendre
3380 Ke robeurs ne la puissent prendre
Car ben lur aveit fait entendre
Ke la terre purreit defendre,
Si lur en durreit asez or
3384 Pur acreistre lur tresor,

377 reperaist

I

Si lur en freit greignur espleit
Chescon an a son endreit
Ke le treu ne lur valeit
3388 Ke par an rendu lur esteit.
  Ore est Carenses repairez,
Ses brefs en porte enselez,
Si feit ses nefs tost aprester,
3392 Juvente comence a asembler,
Puis se met en halte mer
Pur sa pruesce demustrer.
Vent unt bon e a talant,
3396 Vers ses idles vunt najant.
Si tost com il venent a terre,
Partut mettent mortel guere;
Ardent viles e ardent burs,
3400 Pernent chastels, abatent turs.
Com ço veient li paisant,
Devant els s'en turnent fuiant,
Si se mucent par ces guastines,
3404 Par ces runces, par ces espines.
Mult sunt mis en grant freur,
De robeurs unt itel pour
Ke ne sevent quel part turner
3408 Enpur lur vies tenser.
Cum cil s'en sunt si fui
Ki povres sunt e mari,
Cil vunt les preies dechasçant,
3412 De beus aveirs se vunt chargant.
Asez ont pris or e argent
Qu'il unt toleit a povere gent.
Cum de mal faire sunt asaszé,
3416 En Bretaigne sunt repairé.
Cum ço oient li malfesant
Ki de mal faire unt talant,
Od lui sunt tuz ajusté,
3420 Seignur trovent a volunté.
En poi d'ure out tanz felons
Od sei Carense e tanz barons,
Nuls ne lui oset contreester

61

3424 Ne par terre ne par mer.
Donc ad od les Bretons parlé
K'il tuz lui unt otrié
Ke rei de lui ferunt
3428 E tuz les Romeins oscirunt.
Cum il out si espleité,
Od Bassien si est mellé
E en bataile si l'occist
3432 E le regne a son os prist
Kar trestut li Pictien
Ki se teneint od Bassien
En la bataille le guerpirent
3436 Pur ses granz dons qu'il en pristrent;
Pur ço si venqui la bataille;
Altrement fust vencu sanz faille,
Si ne fust cele traison
3440 Ke donc i firent li felun.
Il lur donat or e argent
E terre bon e a talent,
Icele partie del regné
3444 Ki Katenés est ore apellé.
     Cum li Romein unt iço oi,
Si se tenent pur escharni,
Si unt mult tost enveié
3448 Un mult prodome del sené.
Icist out a nun Allectus;
Od lui envei[e]nt treis legiuns
Pur le tirant tut detrencher
3452 E pur le regne recovrer.
Cil en Bretaigne est arivé,
Od Carense s'est mellé,
En bataille l'ad tué,
3456 Si ad le regne recovré.
     Cum morz est Carensius,
Donc veit destruant les barons
Pur ço qu'il erent revelé
3460 Encontre le romein sené.
Li Breton se sunt asemblé,
Quant veient que si sunt turmenté,

Si pernent Asclipiodotum,
3464 De Cornuaille un gentil hom;
Entr'els unt cesti coruné,
Puis unt les Romeins asegé
Dedenz Londres la cité,
3468 U tuz erent assemblé.
Allectus contr'els eissit,
Od les Bretons se conbatit,
Meis il perdit plusurs millers
3472 Des romeins chevalers;
Il meimes i fut occis,
Li Breton en unt le pris.
Com ço vit son compaignon,
3476 Livius Gallus cil out noun,
Od tant de Romeins cum il out
Entrat en Londres cum plus tost pout
E feit les portes ben fermer;
3480 Emprés si fist ben terrer;
Ses chevalers met par ses turs
E fait eschelgaiter ses murs;
Issi quidat ben contrester
3484 Al rei e ses Romeins salver.
Li reis ad feit que veszié,
Asegé ad la grant cité.
A ses dux puis ad mandé
3488 Cum les Romeins ad asegé,
Si lur mande mult ferement
Ke a lui vengent ignelement
Kar ja d'iloc n'en partirat
3492 Tresque trestuz pris les avrat.
Donc i venent a grant fuison
Li Gualeis e li Breton,
La venent li Berniçun,
3496 Li Escot e li Deirun.
  Cum li baron sunt asemblé
E lur engins unt apresté,
Lur pereres i funt jeter   61a

3471 plusers

3500 Pur les murs acravanter.
Puis que les murs unt depescé,
Li chivaler se sunt armé.
Cels asaillent la cité,
3504 Par force sunt laeinz entré.
Cum meis ne poent defendre,
Dient que al rei se volent rendre
E sul tant lui volent prier
3508 Ke vif les en lessast aler.
Li reis aler les en leissast,
Si a ses baruns n'en peisast,
Meis cil lur sunt curu sure,
3512 Sis unt tuz morz en poi d'ure.
En un russel les unt geté
Ki curt parmi la cité,
Galabroc l'apelent en romanz
3516 E Nantigal cil en bretanz.
Idonc par l'esguart de tuz
Reis est Asclipiototus.
Cist fist justise de laruns
3520 E destruit les robeurs.
Par tut le mond fust espandu
A icel terme e fust cremu
La heresie Dioclecien
3524 Ki turmentat maint crestien.
El[e] ert ja en Bretaigne venue,
Par tut le realme ert espandue
Par un malveis, par un felun,
3528 Maximien Herculeum.
Cist turmentout ben a millers
Clers, vileins e chivalers.
Entr'els furent treis barons,
3532 Albans, Aaron e Julius.
Albans fust de Verolame
Mult prodome de bone fame,
Aaron e Julie de Karliun.
3536 Cil treis furent compaignun;

3523 Le

Ensemble furent martirizé,
Bretaigne est enluminé,
Ensemble od els plusurs millers
3540 Dunt il furent gunphanu[n]iers.
    Cum regné out dis [anz] e plus
Li reis Asclipiodotus,
Coel li dux de Colecestre,
3544 Pur ço que reis en voleit estre,
Mult ferement le guereiat
E par le regne le dechasçat.
En bataille puis l'oscist
3548 E le regne a son ous prist.
    Cum longement out cist regné,
Enz en Rome la cité
E[n] est ja la novele espandu
3552 Ke cil reis ert mort e vencu
Ki les Romeins aveit occis
E lur dreitures a son os pris.
Mult en sunt leez e joius,
3556 Sachez ne poent estre plus.
    Donc s'asembla le sené,
Tut ensemble en unt parlé
K'en Bretaigne enveirunt
3560 E lur treu demanderunt.
Custanz unt donc enveié
Par ki Espaigne unt recovré,
Pur ço qu'il ert hardiz e pruz
3564 E par armes mult cremuz.
Com de Rume s'en turnat,
Treis legions od sei menat.
Par plusurs terres tant ad erré
3568 K'en Bretaigne est arivé.
La novele est espandu
Ke li Romein sunt revenu.
Com ço oit li reis Coel,
3572 Sachez que pas ne li fust bel.
De Custanz out oi tant

62a

3570 lẹ

K'il ert si pruz e si vaillant,
Nul ne lui osast contrester
3576 Ne par terre ne par mer;
Pur ço si se purpensat
Ke as Romeins s'afaiterat
E son treu lur rendrat
3580 E le regne par eus tendrat.
Ço si ad al duc mandé
E cil l'ad ben otrié.
Ei[s] vus le pleit ben finé,
3584 Par bons ostages aseuré.
Donc sojurnent el pais   62b
Com deus bons carnels amis,
Meis ne demorat que un sul meis,
3588 Donc murust Coel le reis.
Donc si prist Constanz l'onur
E la fille Coel a ouxur.
La dameisele out a nun Heleine,
3592 Unc ne fust nule meins vileine,
Mult ert de bele estature
E ben faite a desmesure,
Si ert mult enseigné,
3596 De seit arz endoctriné.
De lui out Custanz un fiz.
Cist out a nun Constantins,
Puis vesquirent longement
3600 A grant joie entre lur gent.
    Cum Constanz out unz[e] anz regné,
A Everwich est devié,
Enseveli l'ont a grant honur,
3604 Son fiz seisent del honur.
Cist juvencels prist a their
De jurn en jurn e a embarnir,
Plus devint fers que uns leuns,
3608 Justise tint entre les sons,
Mult destruit tut dis larons,
Les tiranz e les robeurs.
Tuz cil del regne funt son servise,
3612 Ke par amur que par justise.

Uns empereres ert donc a Rume,
Unc Deus ne fist plus fel home,
Maxences esteit apelez,
3616 Tut ert plein de culvertez,
Les gentiz humes enpleidout,
Volunters les destruout
E pur ço mult se fueint
3620 E en Bretaigne se veneient.
Constantin l'emperur
Les receveit a grant honur,
A grant honur les receveit
3624 E od lui les reteneit.
Cil lui unt tant merci crié
K'il lur rend[e] lur herité
E qu'il voist od els a Rume
3628 E destrue cel fel hume   *62c*
'Ki nus ad deserité
E fors del pais chascé
Kar tu es si riche ber,
3632 Nuls ne te pout contrester
Kar lui Romein te ont eslit,
Si te mandent par escrit
Ke ja plus tost ne te verrunt
3636 K'a seignur te receverunt.'
Tant lui unt amonesté
Que Constantins i est alé,
Dreit a Rume en est venu,
3640 A grant joie est receu.
Idunc en funt emperur,
De tut le mond fut puis seignur
E puis que il fut baptizé,
3644 Mult eshalça crestienté.
Treis barons menat od sei,
Uncles sa mere furent cil trei;
Ço fut li pruz Joelinus
3648 E Trahern e Ma[r]ius;
Icels mist en mult grant pris,

3627 voųşist   3636 Ke s.

Od les senez les ad mis.
Cil sourent tut son conseil
3652 Pur ço qu'il erent si feel.
Grant tens aprés Octavi[u]s
Ki de Gewissieis ert dux
Les romeins conestables ocist
3656 Que li reis Constentins i mist.
Cum les Romeins out si occis,
A son os ad le regne pris,
Od les Bretons s'afaitat,
3660 De corune d'or se corunat.
Cum li empereres l'ot,
La enveiat cum plus tost pout.
Trahern i est enveiez
3664 Ki de Bretaigne ert nez,
Treis legions li unt livré,
Icels ad il od sei mené,
En Bretaigne est arivé
3668 E Porecestre ad asegé.
Si forment l'at asailliz
Ke dedenz ters jurs l'at pris.   *62d*
La novele est espandue,
3672 Tresque al rei en est venue.
Li reis son ost idonc manda,
Encontre lui si chevalcha,
En un champ l'ad encontré
3676 Ki Marsure est apelé.
Iloc od lui se combatit
E en bataille le venquit.
Trahern del champ donc s'en turnat,
3680 Par sa navie si eschapat.
Par cele mer s'en est turné,
En Escoce est arivé,
La terre ad tute deguasté.
3684 La fesance est al rei nuncié.
Li reis ad sa gent mandé,
Hastivement la est alé,

3669 asaill*é*z   3677 l. de l.

Mais malement ad espleité
3688 Kar vencu est e dechascé.
Trahern est mult esbaldi,
Sa volunté ad acompli,
Fors del regne l'en chasça,
3692 Tut le realme saisi ad.
En Norweie cil s'en fui
Al rei Gumper un son ami
Pur attendre e esculter,
3696 Si ja s'en pust venger.
Einceis qu'il s'en fut alé,
Od ses amis si out parlé
Ke s'il unckes pousént,
3700 De Trahern le vengassént.
Un i out qui s'en penat,
Le rei Trahern si aguaitat.
Dejuste Lundres la cité
3704 En un bois s'est enbusché
Od cent chevalers qu'ot od sei.
Icist ad occis le rei.
Octavien puis ad mandé,
3708 Si lui ad rendu le regné.
Cist ad puis tenu l'onur
Par grant peis, par grant honur,
Deci qu'al tens Gracien
3712 E son frere Valencien.   63a
A la parfin est enveilliz,
Par veillesce mult enfebliz.
Od ses barons donc parlat
3716 A qui son regne larrat,
Si lur ad a tuz mustré
K'il n'ad nul eir mulleré
Fors sulement une pucele
3720 Ke mult esteit corteise e bele;
De l'altre part il ad un nevu
Ki par armes est mult cremu,
Curteis est e afaitez;

3696 ja sem p.

3724 Cil est Coneins apelez.
A un de cels larrat l'onur,
Si com il dist, aprof son jur,
A icel que il en voldrunt
3728 E qu'il en eslirrunt.
Li plusurs li unt loé
Ke sa fille seit duné
A acon rei de altre regné,
3732 Sis neis eit l'erité.
Karadoc idonc survint,
Cil qui Cornewaille tint,
A une part cil traist le rei,
3736 Si lui ad dit tut son secrei:
'Sire reis, un message envei a Rume,
D'iloc si mandez un gentil home,
Maximien qui mult est pruz
3740 Ki fust fiz Joelinus.
Cist est del romein sené,
De real lignee si est né,
Par lui serrum tuit eshalcé,
3744 Des Romeins serrum donc amé.
Ta fille seit a lui marié,
Od tut le regne seit doné.
Tu en serras mult eshalcé,
3748 Nus en serrum mult alosé.'
    Cum Coneins iço oit,
Mult forment en est marit,
Od Karadoch s'en coruçat
3752 Ki al rei iço conseillat.
Cum Karadoc iço oit,
De la curt s'en departit,
A sa terre s'en alat,
3756 Son fiz a Rome enveiat,
Maximien si ad mandé
K'il li durrat tut cest regné
Pur ço qu'il seit son f[e]eil
3760 E qu'il en siuie son conseil.

63b

3749 it *partially erased after* ico

Morices out nun sis fiz,
Uns chevalers pruz e hardiz,
De parler mult afeitez,
3764   De jugement saveit asez.
Icist ad tant erré
Qu'il vent a Rome la cité;
A Maximien est venu
3768   Ki a joie l'ad receu.
Maximien l'ad mult honuré,
Del son lui ad asez doné,
Cher l'ad tenu sur tuz les sons
3772   Pur sa pruesce e pur son sens.
Une descorde i est surs
Entre lui e les emperurs
Qu'il volt estre teirz compaignun
3776   De l'empire e del honur.
Cum cil nel voldrunt otrier,
Si s'en prist a corucer
E dit que ben se vengereit,
3780   Si tost com il porreit.
Morices l'ot, mult en est lez,
Maximien ad araisunez.
'Sire', fait il, 'enteng a moi.
3784   Fai iço que jo te conseillerai.
En Bretaigne venez od mei
E si t'en frai estre rei:
Itant te frai guainer.
3788   Ben te purras d'els venger
Kar li reis est un veil home,
Si voldreit aver un prodome
A qui sa fille poust doner,
3792   Del regne le poust heriter.
Tu i es mult desiré
Kar il n'ad nul fiz mulliré
E [les] barons si t'unt mandé,
3796   Pur iço si unt ça enveié.'   63c
Morices ad tant od lui parlé

3764 aseiz

Ke Maximien l'ad otrié.
De Rome sunt andui turné,
3800 Grant gent ont od els mené.
Tut dis cum venent errant,
Ces altres terres vunt conquerant:
Les Burguinons, les Alemanz,
3804 Les Franceis e les Normanz.
D'icés terres qu'il unt conquis
Mult grant aveir en ont pris
Dunt il retenent chevalers,
3808 Asez plus de dis millers.
Itant unt donc espleité
Ke a Hamtone sunt arivé.
A terre eissent fors des nefs,
3812 Sur rive de mer tendent lur trefs.
Par le regne fust donc seu
Ke li Romein sunt revenu.
Si tost cum li reis l'oit,
3816 Mult forment est marit,
Ses barons ad tost asemblé,
Son nevu ad tost demandé,
Tute s'ost lui ad baillé,
3820 Encontre els les ad enveié.
Coneins chevalche ferement,
Mult meine od sei bele gent
Kar la juvente del regné
3824 Trestute ert iloc asemblé.
Tresque Hamtone en sunt venu,
Ben se sunt entreveu.
Li Romein pour en unt
3828 Pur la grant gent qu'il unt.
Maximiens s'est esmaié
Cum si grant gent unt asemblé.
Donc apelat tuz ses barons,
3832 Si lur ad dit: 'Que feruns?
A cumbatre poi avum gent.
La peis n'i voldrunt il nent.

3802 Cels

Morice, coment nus contendrum?
3836   Vostre conseil ore en orrum.'
Morice donc levat en pez,
Si ad parlé com senez.   *63d*
'N'avum cure de bataille
3840   Kar vencu serrum sanz faille.
Peis nus estut demander
E congé del herberger
Kar al rei sumes enveié
3844   De par le romein sené.
Icest puple assuagez;
Messager estes, ço dirrez.
Si tost com le rei voldrat,
3848   Vostre message ben savrat.'
Cest conseil unt tut otrié,
A lui unt donc enveié,
Dusze barons lui unt chargé,
3852   Reims d'olive cil ont porté
Kar ço signifie peis;
Pur ço les portent en destre mains.
Morice od els en est turné,
3856   Vers les Bretons sunt chevalché.
Li Breton les unt veu,
Encontre els sunt venu
Pur ço qu'il portent es mains
3860   Les reims que signifient peis;
Com si les virent aturné,
Encontre els si sunt levé.
La veie lur unt deliveré,
3864   Tresque lur duc les unt mené.
Morice donc cum afaité
Le duc Conein ad salué;
Puis lui ad trestut mustré
3868   Pur quai sunt a lui enveié.
Coneins les ad mult esgardé
Kar mult erent ben aturné,
Vestu erent mult richement
3872   E chaucé mult corteisement,
Les barbes orent longes e blanches

E de olive portent branches.
Idonc respondi cum sages,
3876 Com ad oi tuz lur messages:
'Issi grant gent pur quei meinez,
Quant en message venez?
Itele gent deusent guereier
3880 E neint estre messager.'   64a
Morices cum il iço oit,
Corteisement lui respondit:
'Nostre dux est de mult grant pris,
3884 Pur iço ad mult enemis.
Mult grant gent lui estut mener
U lui surdreit tost encombrer
De cels qui l'unt guerreié
3888 Tut dis, le romein sené.
Meis ore savez l'acheisun
Pur quei si grant gent menum.
Signe de pais nus aportum
3892 E peis querum e peis volum.
Despois que nus venimes
A nuli ne forfeimes;
As paisanz si achatum
3896 Tut iço dunt nus vivum;
Quel part que nus turnum
Nostre despense od nus portum.'
     Cum Coneins ad tut escuté,
3900 Od les sons en ad parlé.
Cil lui dient: 'Peis lui donez,
Tresqu'al rei le conduez
Kar pas ne nus combaterom
3904 Quant acheson n'i avom.'
Coneins lur ad donc peis doné,
Meis ço fust estre son gré
Kar meuz amast la bataille,
3908 Si des sons ne fust la faille.
Donc se sunt tut desarmé;
Maximien si ad mandé,

3877 meineṣz   3894 forfeinies   3902 condiez

Al rei l'unt en peis mené,
3912 Lur fesance lui unt mustré.
Li reis est de la peis lez,
Maximien ad bel apelez,
Servir les feit corteisement,
3916 Mult honure lui e sa gent.
Com deus jurz unt suigurné,
Karadoc s'est purpensé.
Son fiz Morice prent od sei,
3920 A une part unt treit le rei.
Corteisement l'ont aresuné
E si lui unt tres ben mustré   *64b*
Ke Dampnedeu l'ad mult amé
3924 Ke cestui lui ad enveié.
'Ti baron te urent conseillé
Ke ta fille fust doné
A acun hume del sené
3928 Ki maintenist tut cest regné.
Ore t'at Deus cesti enveié
Ki par armes est mult preisé;
De part son pere est de nus né,
3932 De part sa mere del sené.
Cist fust neis Coel li reis,
De cest regne est dreit heirs.
Nuls hom nel reneireit
3936 Ke icest nen i ad dreit.'
Ore en unt itant parlé
Ke li reis l'ad otrié,
Ke sa fille lui seit doné
3940 E le realme en herité.
Coneins est mult coruscé,
Pur poi de ire n'est desvé,
De la curt s'en est turné,
3944 En Escoce en est alé.
Mult grant gent ad ajusté,
Maximien ad guerreié.
Ultre Humber est passé

3948 Pur chalanger s'erité;
Maximien l'at ben defendu,
Encontre lui en est venu,
Od lui si s'est combatu,
3952 En plein champ si l'at vencu.
Cil n'ad pas pur ço laissé,
Mult sovent l'ad corucé.
A la parfin sunt affaitez,
3956 Si ad entr'els granz amistez.
Si com cinc anz ont sujurné
E grant aveir unt amassé,
Lur navie si unt apresté;
3960 Li reis si ad sa gent mandé,
Hastivement sunt eschipé,
Ultre la mer en sunt passé,
France unt tut guerreié,
3964 Grant masse en unt conquesté.
Li reis Imblaz i est occis
Od quinze mil de ses amis,
Si unt tut pris Amoricon,
3968 Le regne que ore tenent Breton.
Maximien est mult esbaldiz
De ço que cels ad conquis.
Idonc se purpensat
3972 Ke Conein enricherat.
Tut en riant l'ad apelé,
Si lui ad dit de son pensé:
'Nus avom mult espleité
3976 Ke conquis avom cest regné.
Ore alum seisir les citez,
Les chastels e les fermetez,
Aillurs puis si chivalchum,
3980 Ces altres terres ben conquerum
E ne vus en peist, bels sire amis,
Si de Bretaigne sui poestifs.
Tute ceste terre vus en durrai,
3984 Riche rei vus en frai,

64c

952 sil lat

K

De Bretons ert herbergee
E de Bretaigne ert apellee
Kar ço me semble en mun avis,
3988 Mult i ad riche pais.
Ci sunt les terres a gainer,
A gardins, a vines a planter,
Les ewes dulces pur pescher,
3992 Les bois, les landes a chascer.'
Veant trestuz l'en ad casé,
Mult riche dun lui ad doné.
Cil l'en ad mult mercié,
3996 Parfundement lui ad encliné.
Donc chevalchent par le pais,
Venent a Reisnes, sempres l'ont pris;
Les homes males unt occis,
4000 Meis les femmes retenent vis;
Les citez pernent e les chastels
Ki mult sunt riches e bels,
As Bretons les unt livré
4004 Ki mult sunt e bald e lé.
Maximiens est mult reduté
Enpur sa grant cruelté.
Mult grant avers si aveit,
4008 Granz meignees en reteneit.
En Bretaigne donc enveiat
A Dionec e si mandat,
K'il aveit comandé
4012 De Bretaigne le regné,
K'il tost apparillast,
E a lui les enveiast,
Trente mil chevalers
4016 E cent mil vileins armés.
Cil sunt tost apparaillez
E al rei sunt enveiez.
Cil les ad Conein donez,
4020 Sa terre en ad ben herbergez.
Maximien donc s'en turnat,
Tute France conquis ad,
Puis ad conquis Germanie

64d

4024 Ke par terre que par navie
E si ad tant espleité
Ke emperere est clamé,
Les deus freres sin ad chascé
4028 Fors de Rome la cité;
Valentins i fust occis
E Gracien eschape vis.
Cil si est empereur
4032 E tut sul si ad l'onur.
Li reis Coneins est remis
Com chevaler de mult grant pris,
Tant ad ses veisins guereié,
4036 Sa terre lui ont quite clamé.
Cum sa terre ad apaisé,
Idunc si s'est purpensé
K'il muillers purchascerat,
4040 A ses humes les durrat.
Son message ad donc appareillezs
Ki en Bretaigne portat un bres:
'Li reis Coneins Mariodoc
4044 Salue son ami Dionot.
Ore te pri jo par amur,
Ta fille me dune a uxor
E si m'enveiez muillers
4048 A mes barons, a mes sers.'
Sachez que mult en fut lez
Dioneces cum vit le bref.
Sa fille lui ad apresté
4052 Ke Urselete fust apelé,
Od lui apreste unze millers
Ki sunt filles a chevalers,
Od els enveie de cest' isle
4056 Filles a vileins sessante mille.
Frans home esteit Dionot
E fust frere Karadoc
Ki de Cornewaille ert dux
4060 Ki fust fiz Moricius.

4048 sers] terres   4053 ad preste

Cum les puceles sunt asemblees
E sunt tutes eschipees,

De lur parenz pernent congé,
4064 A Deu les unt comandé.
Com furent en halte mer
E vers Bretaigne quident errer,
Si lur surd itel encombrer
4068 Pur quei tutes quident neier
Kar encontre els surd un vent
Ki en mer fist itel turment,
Neiees sunt les seisante mille
4072 E deschascees le[s] unze mille.
En Germanie sunt dechascé
U arivent a une cité
Ke Coloine ert apelé
4076 U sunt pur Deu martirizé.
Ço lur avint par lur priere
Ke feit aveint des ça en arere:
Les plusurs orent a Deu voué
4080 A meindre en virginité.
Pur ço lur fist Deus icel vent
Idonc surdre e icel turment
Dunt les unes furent neiees
4084 E les altres deschascees.
Com les puceles venent a terre,
De paens lur surd grant guerre
Ki pur la cristienté
4088 Mult forment les unt guereié
Kar la troverent dous felons:
Ço fut Megga e Guanius.
Cruel furent lui paen
4092 E ami Valentinien.
Cil funt prendre les puceles
E demandent de lur noveles
E celes lur ont mult ben mustré
4096 Pur quei furent asemblé.
Les puceles unt grant beauté,

4066 quidęrent   4087 x¹ente

Pur ço les unt mult amé,
Ben les vousisent marier,
4100 Si Deu vousisent reneier,
Meis celes esteient marié,
A Deu s'esteient voué,
Pur ço tenent en grant vilté
4104 Quanque cil lur unt mustré.
Cum li paen unt ben apris
Tut l'estre de cest pais,
Les meschines funt decoler,   65b
4108 Quant Deu ne volent reneier.
Tuz lur amis unt puis mandé
E mult grant gent asemblé,
Hastivement sunt eschipé,
4112 Envers Bretaigne en sunt alé.
Les estres surent ben del pais
Ke chevalers n'i out remis,
A Rome erent tuz alez,
4116 Maximien le[s] out menez.
Megge le dux des Pictiens
E Guanius li reis de[s] Huneis
Od lur gent qu'il ont asemblé
4120 En Escoce sunt arivé.
Si tost cum il venent a terre,
El pais mettent mortel guere,
Les paisanz si vont pernant,
4124 De male mort les vont occiant,
Devant els fuient cil del pais
Cum devant leus funt berbiz;
Ja en nul liu nes atendrunt
4128 Ne bataille ne lur rendrunt.
Cil pernent dunkes les citez,
Les chastels e les fermetez;
Legerement les poent prendre
4132 Quant nuls n'i est quis volt defendre.
La novele est espandue,
Tresque a Rume en est venue.
Cum Maximien l'oit,
4136 Mult forment en fust marit.

Dan Gracien donc apelat,
Un chevaler qu'il mult amat,
Deus legions si lui baillat,
4140   En Bretaigne l'enveiat.
Icil unt tant espleité,
En Bretaigne sunt arivé,
Od les paens se combatirent
4144   E en bataille les venquirent.
Fors del pais les unt chascé
E la terre unt recovré.
En Hirlande sunt cil alé,
4148   Li Hireis les unt recetté.
A tant es vus un messager
K'en Bretaigne le vint nuncier
Ke occis esteit Maximien
4152   Par les amis dan Gratien   65ᵃ
E asez de ses barons
Ke de Franceis que de Bretons.
Ki vif en pout eschaper
4156   En l'autre Bretaigne fait entrer.
Cum Gracien iço oit,
Mult forment s'en joit,
De corune d'or se corunat,
4160   De la terre rei se clamat,
Meis cruel fust a desmesure.
Enpur iço lui curent sure
Trestut icil del pais,
4164   De male mort si l'unt occis.
      Cum li paen unt iço oi
K'en Hirlande erent fui,
Od sei ajustent les Escoteis,
4168   Cels de Norweie e les Daneis.
Od ceste gent sunt repairé
E les Bretons unt guerreié.
La terre vunt tute conquerant,
4172   Par fer, par flamme destruant.
Cil ne sevent quel part turner

4155 v. ne p.

Ne meis que a Rume renveier.
La enveient pur sucurs,
4176 As Romeins donent riches dons.
De l'aver sunt li Romein lé,
Sucurs lur ont enveié;
Ço fust une legiun;
4180 Par mer vindrent li barun.
Icist ont tant espleité,
Par mer l'isle aviruné,
Ke les paens ont encontré,
4184 Ensemble od els se sunt mellé.
De els delivrent le pais,
Grant partie en ont occis.
Li autre s'en turnent fuiant,
4188 Par ces isles destruant,
Puis unt li Romein mandé
Tuz les homes del regné.
Le mur funt faire tut a bandon
4192 Entre Escoce e Deiron;
De mer en mer fust drescé
Trestut cum veit le fossé   *6 ſd*
Ke jadis i fist Severus
4196 Ki de Romeins esteit dux.
        Cum li mur fust ben fermé,
Li Romein s'en sunt turné,
Venent a Londres la cité
4200 Od tuz les barons del regné.
A Rume volent returner,
Pur ço si lur volent mustrer
Com il se deivent contenir,
4204 Quant vendrunt al departir.
Cum li baron sunt asemblé,
La parole lur unt mustré
Par l'arcevesque de la cité
4208 Qui Guitelins ert apelé.
'Seignurs', fait il, 'ore escutez,
Vus qui ci estes asemblez.

4179 *In margin a scheme*: l — vi ·m· — vi ·c· — lx. — vi.

De vus ai si grant tendrur,
4212 Ne puis abstiner de plur
Quant moi sovent d'icel tens
Ke l'emperere Maximiens
Nos citeins tuz en menat
4216 E orphanins si nus lessat.
Des dunc fustes en orphanité
E chascé en tel vilté;
Puis ne vus poustes defendre
4220 Des paens ne estur rendre;
Ne savez estre chevaler
Kar n'apreistes icel mester,
La terre soliez guaigner,
4224 Gardins e vines provigner.
Pur iço la paene gent
Cum berbiz vus en pernént
E si vus tolent le pais
4228 Dunt vus esteiez neis.
Ore vus dient li Romein,
Ke vus ben seez certein,
Meis a vus ne revendrunt
4232 Pur ren ne se travaillerunt.
D'iço vus voil aseurer;
Ainz vus volent quite clamer
Le treu que soliez doner,
4236 Ke meis ne volent pener.   *66a*
Des ore mes ne revendrunt,
Pur vus ne se combaterunt,
Einz vus larrunt tut a bandun.
4240 Ore esgardez que ferum.
Des ore ne sai plus que dire,
Meis defendez vus de martire
E a Deu merci crium
4244 E nostre terre defendum.'
A tant si finat son sermon
E tut ensemble li baron
Dient: 'Ben le ferum
4248 E nostre franchise maintendrum.'
Li Rumein s'en sunt alé

Ki lur unt grant sens mustré,
A lur nefs sunt repairé,
4252 Cum de tuz unt pris congé;
Ben orent le pais fermé
Com de murs e de fossé,
Meis si cum dient la gent,
4256 L'en freit plus legerement
De busard ben pernant ostur
Ke de vilein bon justeur.
Cum s'en sunt alé li Rumein
4260 E li paen en sunt certein,
Megge li fels e Guanius
Tost ont mandé lur compaignu[n]s,
Od lur nefs unt asemblé
4264 Mult grant gent de altre regné.
En Bretaigne en sunt alé,
Escoce unt mult tost conquesté,
Meis cum il sevent que les Bretons
4268 N'unt socurs de romeins barons,
Tresque al mur les vont chasçant,
Vilement les vont iloc pernant.
Cum li vilein ert sur le mur,
4272 Del paen n'ert pas asseur,
Fuir n'oset ne sei defendre,
Meis tut vif se leisent prendre;
E li paen les cros aveient
4276 Dunt les Bretons aval tra[e]ient,
Puis cum a terre les abateient,
De male mort les occi[ei]ent.
Ohi! Mult grant vengement
4280 Deu feseit de cele gent;
Enpur lur ancien peché
Esteient si martyrizé.
Ohi de si grant parenté
4284 Ki tantes terres ad conquesté!
Ore sunt chaeit en orphanité
Par Maximien le sené,

66b

4257 burard

Meis issi veit de cel regné
4288 Ki a vileins est comandé:
Ja ren ne guaignerunt,
Mes ço k'il unt tut perderunt.
E plus quei en dirrum?
4292 Meis tut dis fuient li Bretun.
Li paen les vont dechasçant,
Cum berbiz les vont pernant.
Icil paen qui sunt remis
4296 A Rume enveient lur amis
A Agnice un gentil hume
Ki a cel jur ert quens de Rume,
Meis cil lur ad ben remandé,
4300 Par els nen erent mes tensé.
Li messager sunt repairé
Ki pru n'i unt espleité.
Idonc l'arcevesque Guitelins
4304 Par le conseil de ses veisins
Hastivement la mer passat
E en Bretaigne s'en alat
E vint al rei Androein.
4308 Icist fust quarte aprés Con[e]in
Que Maximien i menat
E ki la terre herbergat.
Cil ad le rei bel salué,
4312 Li reis l'ad forment honuré
Empur la grant sainteté
E qu'il erent de un parenté.
Li reis enquist corteisement
4316 L'acheson de l'avenement.
Cil lui ad dit com afaité:
'Bosoigne nus ad ci enveié,
Bels sire reis, tres cher ami;
4320 Ben sai que asez avez oi
En cum grant cheitifté
Est chaet nostre parenté
Despuis que Maximiens

66c

4289 guaignermt   4292 fuiut

4324 En menat nos citeins
E ceste terre herbergat.
Orphanins nus lessat
Kar puis sunt paens venuz
4328 Ki nus ont si confunduz
Ke nus n'avum que manger,
Sen[z] boifs nel poum purchascer.
Ore ne savom quel part turner,
4332 Nul ne nus volt receter,
Li Rumein nus sunt failli.
Ore aiez de nus merci,
Ja altre aie ne requerom,
4336 Meis le realme vus rendom,
Si en seiez rei coruné
Kar vostre est par dreit l'erité.
Vostre navie aprestez,
4340 Hastivement si en venez
E si recevez le honur
Ke ja tindrent vostre ancessur.'
Cum l'arcevesque out si parlé,
4344 Li reis l'out tut escuté,
Corteisement lui respondi,
Quant il out son message oi.
Com un poi se fust purpensé,
4348 Oir poez que ad parlé.
'Jadis grant gré vus en seuse
E volunters le receuse,
Si le me volsissez doner,
4352 Cum ore le vus oi presenter,
Kar uncque ne fust si riche terre
Einz que ele fust guasté par guere;
Ore est povere e suffreituse,
4356 De tute gent est hainuse,
Sur tute gent li unt neu
Li Romein qui sunt venu
Ki par treu l'unt si grevé
4360 Ke tute l'unt mis en poverté.

4351 voissez

Empur ice nen voil aler
Kar treu ne voil doner,
Einz me tendrai a cest regné
4364   Ki od franchise m'est doné;
Meis pur iço que estes mi parent
Succurei vus mult ducement.
Un men frere vus baillerai,
4368   Od vus si l'enveirai
Od deus mile chevalers
Ki mult par sunt bons guerrei[e]rs.
Le realme li liverez,
4372   Sin serrat reis corunez.'
L'arcevesque en fud mult lez,
Le rei en ad mult merciez.
Idonc apelent Costentin,
4376   Si out nun le meschin.
A l'arcevesque l'ad livré
Ki od grant joie s'est escrié:
'Merci Deu que rei avom,
4380   A grant joie ore en irom.'
Li barun sunt tost asemblé,
Congé pernent, sin sunt sevré,
Par halte mer s'en sunt turné,
4384   En Totenés sunt arivé.
Si tost cum il sunt arivé,
Les Bretuns unt tuz asemblé,
Od les paens se sunt medlé,
4388   Fors del pais les untgeté.
Costentin unt puis honuré
En Cirecestre la cité,
Le realme lui unt doné,
4392   De corune d'or l'ont coruné,
Puis lui unt femme doné
Ke mult esteit de grant beauté.
Treis fiz ad engendré;
4396   Custanz out nun li einzné,
Le maen apelent Aurelium,

4363 ceste   4397 Aurelien

Le puisné Uther Pendragun.
Ces deus reçut pur encherir
4400 L'arcevesque e pur norir.
Puis funt moine de l'ainzné
En Guincestre la cité,
La out un seint mult renomé,
4404 Seint Amfibal fust apelé.

67a

Cum dis anz furent passé
Ke Costentins fust coruné,
En un gardin si fu tué
4408 D'un chevaler, d'un son privé.
Idonc furent grant dissensiuns
Entre les contes e les barons
Saver de qui il frunt seignur
4412 E a ki il durrunt l'onur.
Un en i out mult veszié,
De males arz trop enseigné
Ki Vortingern ert apelez
4416 E de veisdie sout asez.
A Guincestre vint cum plus tost pout,
Si prist Costanz le moniot
E a Lundres l'en menat.
4420 Iloc a rei le levat,
De la corune sil corunat
Ke arcevesque ne demandat.
Sanz arcevesque ert le pais
4424 Kar morz esteit danz Guitelins,
Cil qui en Bretaigne alat
E Costentin en amenat.
Par le pais sunt puis alé,
4428 Les fermetez unt demandé
Ke li reis en sa main teneit
Tant dementres cum il viveit.
Icil qui les turs teneient
4432 Al rei Costanz les rendeient
E les chastels e les citez
E les altres fermetez.

4406 corunez

Icil fist donc cum un enfant
4436   E cum icil qui ert nunsavant.
A Vortigern tuz les livrat
E les tresors qu'il i trovat.
Icil en fist ço que lui plout,
4440   Guardeins i mist itels cum il vout;
Cil furent tuit si afié
A qui li chastel sunt livré.
Cum Vortigern fust saisiz
4444   Des fortelecces del pais,
Donc a primes se pu[r]pensat
Com tut le regne aveir purrat.
Idonc si est venuz al rei,   67b
4448   Si lui ad dit en son secrei:
'Nus estut meiné prendre
Empur iceste terre defendre
Kar li Escot e li Yreis,
4452   Cil de Norwei[e] e li Daneis
Od ost voldrunt sur nus venir
Empur iceste terre tolir.'
Cil respondit cum fous reis
4456   Ki gueres ne saveit des leis:
'Tut le regne vus ai livré
Ne meis que rei seie clamé.
Pur iço sulom vostre pleisir
4460   Le realme fetes guarnir
E si retenez chevalers
Ki pruz seient e bons guereiers.'
Ore oiez cum grant treison
4464   Idunckes fist cil mal felon.
Cent Pictiens ad donc mandez.
Al rei ço dit: 'Ces retenez
Kar asez sevent de guerre
4468   E ben vus defendrunt la terre.
De l'altre part si sunt parent
A tute cele estrange gent.
Cist nus purrunt ben garnir,

4443 saisez

4472 Si paen volent sur nus venir,
     Par els e par lur amis
     Ke ja ne serrum suppris.'
     Vortigern tut el pensat
4476 Ke al rei dit n'at
     Kar unkes pur honur le rei
     Icels ne retint od sei,
     Einz seit qu'il sunt de un parenté
4480 U neint i out d'estableté
     E fel erent a desmesure.
     Le rei firent grant leidure.
     Cum li Pictien sunt venu,
4484 A grant joie sunt receu.
     Vortigern mult les amat
     Par semblant e honurat.
     Lur dons urent plenerement,
4488 Sil honurent sur tute gent,   *67c*
     Si lur feseit asez bailler
     E de bevre e del manger.
     Vortigern ad tant feit,
4492 Tant ad demené son pleit,
     Ke li paien diseient
     En tuz lius u il esteient
     Que icil nul ben ne sout
4496 Ki fist reis de moniot;
     Vortigern deust estre rei
     'Ki si est de gent conrei,
     Il seit la terre governer,
4500 Les barons seit mult honurer,
     Il seit quei il deit preiser
     E quei il deit tenir cher;
     Meis Costanz, icest moniot,
4504 Ço est un fol e ço est un sot,
     Ja ne deust terre tenir,
     Meis od ces enfanz buhurdir.'
     Com Vortigern iço oit,
4508 Sacez que mult s'en esjoit.
     Idunkes plus les honurat
     E a s'amur les ajustat.

Vortigern s'est purpensé,
4512 Les Pictiens ad ben enivré
Un jur cum li reis out mangé,
Puis si ad pris de tuz congé,
Si lur ad dit trestut par ire:
4516 'Malement me fait mi sire.
Ore ai tut iço perdu
K'en son servise ai despendu.
Quant jo le començai a servir,
4520 Cent chevalers pouse retenir.
Ore n'ai dunt tenir seisante
Ne feit guaign dunt jo m'en vante,
Meis ore sai que ferai.
4524 En altre terre m'en irrai
U asez plus gainerai
K'en ceste terre fait n'ai.'
Cum oiant tuz out parlé,
4528 A son ostel en est alé.
Li Pictien en sunt iré
Ki forment erent enbevré,
Entr'els en vont mult grundillant,
4532 Li uns a l'altre veit disant:
'Kar faimes ore un grant desrai,
Si occium cest malveis rei,
A Vortigern donum l'onur
4536 E si faimes de lui seignur
Kar il est plein de grant bunté,
De tute gent est mult amé.'
Il furent trestuz eniveré,
4540 Pur ço si firent que desvé.
En la chambre en sunt entré,
Al rei si ont le chef coupé,
A Vortigern l'unt puis baillé.
4544 De cel present al quer fud lé,
Meis pur parlance de la gent
Semblant feit k'ad le quer dolent.
Ço fust en Lundres la cité;
4548 Les Lundreis ad tost mandé,
Les Pictés fist prendre e lier,

67d

Tost les fist tuz detrencher.
Ja seit iço qu'il ço feseit,
4552 Si out itel ki ben lui dit
Ke li reis par lui fust occis,
Quele vengance q'en ert pris.
Tant unt le plet demené
4556 Ke Vortigern s'est coruné
Kar saisiz esteit des citez,
Des tresors, des fermetez.
Idonc si s'en est fui
4560 Ki les freres le rei nurri,
En Bretaigne s'en alat,
Les deus enfanz od sei menat,
Al rei Budice les ad livré
4564 Ki grant joie en ad mené
Pur ço que furent si parent,
Si[s] fist norir mult ducement.
Vortigern est mult esmaez,
4568 Des Pictés est mult manacez
Ki dolenz sunt de lur amis
Ki par lui furent occis
E dient meis ne finerunt
4572 Desi que vengé s'en serrunt.
Issi si crut mortel guere
Par els al rei Vortigere.
Encore si alou[e]nt disant,
4576 Chevaler erent li dui enfant
Ki pur la pour de lui
En Bretaigne erent fui
E urent grant gent asemblé
4580 Pur repairer en lur regné
E chalanger lur herité
Dunt il les out desherité.
Li reis esteit mult angussus
4584 E de manaces curius.
A Cantorebire s'en ala,
Vers cele mer s'aprisma.
A tant es vus un messager
4588 Ki al rei vint nuncier

68a

L

Ke treis nefs erent arivees
De chevalers ben aturnees;
Mult sunt grant li chivaler,
4592 Ben resemblent estre guereier,
Deus en i ad qui sunt vaillant
A ki li altre sunt attendant.
   Henges ad nun li einez,
4596 Hors est sis freres apelez.
Li reis cum l'ot tost les mandat
E sa peis lur donat.
Cum sunt devant le rei venu,
4600 A grant joie sunt receu.
Le rei saluent gentement,
E lui e tute sa gent.
Le rei forment les gardat,
4604 Les deus freres ben avisat,
Demande lur curteisement
Dunt sunt nez e de quele gent.
Henges respont tut amembré:
4608 'De Seissoigne sumes né.
Si volez saver quei ci querum,
Ore escutez, si vus dirum.
En la terre dunt nus sumes,
4612 Quant i ad grant pleinté des humes,
Par sort elisent les plus poanz,
Des chevalers les meuz vaillanz,
Si[s] enveient en altre terre
4616 Pur lur gareison conquere.
E issi sumes ore enveié,
Cum sort le nus ad aparillé.
L'autre jurn si en turnames,
4620 En vostre terre ore arivames.
Ça nus ad ben amené
Danz Mercurie nostre deu.'
Vortigern mult l'esgardat,
4624 Quant il Mercurie deu clama,
Puis si li prist mult a enquerre
Quel deu aurent cil de lur terre.
Henges dist: 'Saturnus auroms

68b

4628 E Jubiter si auroms.
Sur tuz les altres un en aurom
Ke nus dan Woden apelum.
Cil est de mult grant poesté.
4632 Al quart jurn ad son nun doné
Car Wodnesdai nus l'apelum
Empur son seintim[e] nun
E nostre deuesse Fria
4636 Al siste jurn son num dona
Kar Fridai nus l'apelum
Ki ben nomer la savom.
Bel sire reis, dit vus avom
4640 Dunt venum e quei ici querom.
Ore nus dirrez vostre pleisir,
Si vus nus volez retenir.'
Li reis respont cum affaitez:
4644 'De vostre venue sui jo lez,
Mais ço paise mei durement
Ke n'estes crestiene gent.
Volunters vus retendrai
4648 E del men tant vus durrai
Ke a honur purrez garir
E ben m'en devrez servir.'
Com retenu sunt li paen,
4652 Idonc vindrent li Pictien
Od grant gent que unt asemblé,
Northumberland lui unt gasté.
Vortigern iço oit,
4656 Tute s'ost mult tost banist,
Od els si se combatit
E en bataille les venquist,
Mais li baron del regné
4660 Guerres ne se sunt pené
Kar li paen ben le firent
Ki pur els se combatirent.
Vortigern fust mult lé,
4664 Quant les Pictés ad chascé,

641 pleiser

Henges en ad mult mercié
E riches dons lui ad doné,
Puis lui ad terre doné
4668 Pur herberger icels qu'ot mené.
Lindesie tut lui donat
E plus de terre pramis lui ad.
Henges qui fust veszié
4672 Le rei en ad mult mercié,
Puis s'est a lui ajusté,
Si l'ad mult bel araisuné:
'Issi cum il m'est a vis,
4676 Vus avez mult de enemis,
Quant vus heent Pictien
E Uther e A[u]relien.
Empur iço, si vus volez
4680 E vus le me comandez,
En ma terre enveirai
E plus gent venir frai
Ki vostre terre vus defendrunt
4684 E en bataille vus aiderunt
Kar jo retendrai tuz od mei.'
Li reis respont: 'E jo l'otrei.
Hastivement si enveiez
4688 E chevalers si nus mandez,
Asez en faites venir,
Jo penserai del retenir;
E si ren del men volez,
4692 Tut aseur le demandez,
Ja escundit ne vus serrat.'
Henges mult l'en merciat,
Puis lui ad dit corteisement:
4696 'Jo sui né de bone gent.
Recet ne me avez nul doné
Ne vus chastel ne vus cité.'
Vortigern lui respondi:
4700 'Li men le me ont devei
Empur iço que es paen

68d

E ne sunt pas de vus certein.'
Henges respont, si lui ad dit:
4704 'Ore escutez, sire, un petit.
Itant de terre car me donez
E maison faire me leissez
En la terre que jo ai
4708 Com d'un quir avirunerai;
Un petit recet si en frai
U mon cors guarir purrai;
Mult grant gré vus en savrai,
4712 Plus volunters vus en servirai.
Ço que jo faz en cest regné,
Tut est en vostre feelté.'
Le reis le lui ad otrié,
4716 Henges l'en ad mult mercié.
Ses messagers tost enveiat,
En Sessoigne grant gent mandat.
Un quir de tor dunc si taillat,
4720 Grant coreie fait en ad.
Un perrus lui envirunat,
Un bel chastel fait i ad.
Cum il out feit icel chastel
4724 En Lindesie que mult fu bel,
De la coreie nun lui donat
E Thangcastre l'apelat.
A tant sunt cil retorné
4728 Ki en Sessoigne sunt alé;
Grant gent en unt amené,
Dis e out nefs tus ben chargé;
Od els si unt une pucele
4732 Ke mult esteit e gent e bele,
Fille Henges icele esteit
E Rodwen hom la nomait,
Mult esteit de grant belté,
4736 Nen ert sa per en cel regné.
Henges le rei ad tost mandé,
Sa feisance lui ad mustré.

4734 noma¹t   4735 beal̨tc b.

Li reis i vint priveement
4740 E si retint icele grant gent
E le chastel mult preisat
Ke li dux Henges fait i ad.   *69a*
Henges ad le rei receté,
4744 Mult forment l'at honuré.
Si cum li reis fust abevré
E del vin ben eschaufé,
De la chambre ist la pucele
4748 Ke mult esteit e gent e bele
Kar unckes ne criat Nature
Nule plus bele creature.
Vestue esteit d'un ciclatun,
4752 Une cupe d'or tint en son poin
De claré pleine e ben ovree.
Devant le rei s'est agenulee,
Curteisement le saluat
4756 En son langage e dit lui ad:
'Sire, jo sui vostre feel,
Pur iço vus di "Wesseil".'
Li reis forment l'esgardat
4760 Pur sa grant belté que ele ad.
De s'amur fust eschaufé,
Sur tutes rens l'ad amé.
Son latimer lui enseignat
4764 A la pucele quei respondrat:
'Sire, quant ele vus dit "Wesseil",
Si lui devez dire "Drincheil".'
Com la pucele beu ad,
4768 Devant le rei se genulat,
Mult ducement si l'ad baisé
E la cupe presenté.
Com li reis le bevre but,
4772 Li diables le redecçut
Ki el cors lui est entré,
Si tost cum il fust enbevré.
La pucele trop amat,
4776 A son pere la demandat.
Cil dit: 'Ne la puis done[r],

Meis pensez de l'achater.'
Li reis dit: 'Jo l'achaterai
4780 E volunters vus en durrai,
Si vus volez, or e argent,
Terres e grant casement.'
Henges parla priveement
4784 Od son frere e od sa gent.
La pucele unt si grante[e]   69b
Ke pur terre seit donee;
Tute Kent unt demandé
4788 E il la lur ad otrié.
La pucele est al rei done[e],
A Henges Kent la contre[e].
Li gentil quens Goronganot
4792 De cest lait ne sout mot
Ke sa terre e sa contre[e]
Al paen est si done[e].
La nuit just li reis od la tuse,
4796 Tin[t] la tut dis pur sa espuse.
Mult sunt marri, donent li blame,
Trestuz icil del realme.
Il out treis fiz einz engendré
4800 Sulum seint[e] crestienté,
Vortimer ki fust mult genz
E Catigern e danz Paschenz.
Idunc vindrent el regné
4804 Dui seint de grant auctorité:
Ço fust seint Romain e seint Germains
E un eveske, Londetrains.
Pur iço i sunt cil dui venu
4808 Ke crestienté unt corumpu
Ke par le rei ke par les paens
Par l'eresie Pelagiens,
Mais par lur predicacion,
4812 Par les miracles qu'il funt,
Crestienté est restoree
E seinte eglise mult eshalce[e],
Si danz Gildes ne me ment
4816 Ki jo en trai a guarant,

Ki lur vie ad renuncié
Par un mult gentil traité.
Henges s'est mult leescé
4820 Ke sa fille ad marié
Al rei, si dit oant son frere:
'Des ore serrai vostre pere,
Vostre regne maentendrai
4824 E par fei vus conseillerai
E si crere me volez,
Trestute gent surmonterez.
Pur mes dous fiz enveum,
4828 Octa e Cosa unt cil a nun,   69c
Mult sunt pruz e mult hardiz,
Ne furent unckes descunfiz;
Ceste terre si lur donum
4832 Entre Escoce e Deirum.
Grant servise vus en frunt,
Pur vus tut dis se conbaterunt.'
Vortigernes l'otriat,
4836 Pur els enveer comandat.
Cil vindrent ignelement
E amenerent mult grant gent,
Cherdic unt od els menez,
4840 En ceste terre sunt arivez.
Od eus amenent par banie
Treis cent nefs en lur navie.
Vortigern qui les mandat
4844 Od grant joie receu les ad,
Mult riches dons si lur donat,
Sur tute gent sis honurat.
Cum ço virent li Breton
4848 E li conte e li baron,
Li rei si unt araisoné,
Apertement lui unt mustré:
'Sire reis, nus vus prium
4852 E cum seignur vus requerum,
Ceste gent mais ne maintenez,

4819 leescee   4836 ennuer   4846 sil

Mais fors del pais les getez
Kar il trestut sunt paien
4856 E nus sumes crestien,
Ensemble ne devem ester
Ne od els bevre ne manger.'
Li reis respont, neint ne frat,
4860 Fors del pais nes chascerat,
Meis entur sei cher les tendrat
Pur sa femme que prise at.
Li Breton en sunt marri,
4864 Sa seignurie unt deguerpi
E Vortimer qui fust einnez,
Son fiz, si unt coruné.
Cist amat mult les crestiens
4868 E destrut tut dis les paens.
Icist od els se combatit
Par qatre fez e sis venquit.
Primes cum il se combatit,
4872 Sur Derewente les venquist,
Puis sur le gué de Epefort
U Hors le dux fust geté mort
Kar Catigerne od lui justat
4876 Ki mortel plaie lui donat
E Hors si lui referit,
L'alme del cors sin departit.
La terce feiz sur rive de mer,
4880 En nefs durent paens entrer,
En l'isle de Tanet se mistrent
U li Breton ben les asistrent.
Cum il furent ben asegé,
4884 Vortigern unt enveié
A son fiz pur li ruver
Qu'i[l] les en leissat aler —
Vortigern od els se teneit
4888 Pur la femme qu'il aveit.
Idonc alat el message
Cum cil qui saveit son language.

69d

4873 eqefort *with* q *altered to* p   4875 cagigerne *with* g *altered to* t

Tant cum il sunt al parlement,
4892 Si fuient lui paen[e] gent,
Femmes e enfanz si guerpirent,
Lur cors senglement garirent.
Reis Vortimers mult s'esjoit,
4896 Quant sout que cil s'en sunt fuit.
Seinte eglise mult eshalçat,
Com seint Germein lui enseignat,
Puis ad tuz icels mandez
4900 Ke cil orent desheritez,
Si lur rent lur possessions,
Terres, viles, molins, maisons.
Mult demenat seinte vie
4904 E honurat sa barunie,
De tute gent fut mult amé,
Seintement traita le regné;
Mais longement ne pot parsivre
4908 Ke li diable en out envire
Ki sa marastre tant entiça
Ke par venim l'empusuna
Kar ele felunessement
4912 Sur sei atraist son chambreleng
Ki son seignur enpusunat
Si cum ele l'enseingnat.
Si tost cum fust enpusuné,
4916 Si lui crust tel enfermeté   70a
Ke nuls hom nel poeit garir,
Einz l'estout de mal murir.
Quant il veit qu'il ne garrat,
4920 Ses meisnees tost mandat,
L'or e l'argent lur ad doné
Ke si ancestre orent assemblé,
Puis si lur dit mult bonement:
4924 'Tenez vus com bone gent.
Pur le pais vus combatez,
Vostre franchie maintenez
E cum jo serrai finez
4928 E de cest secle serrai alez,
Sur rive de mer m'enseveillez

Tant haut cum plus haut purrez.
Si paen volent repairer
4932 En cest pais pur guerreier,
Ja plus pres ne presmerunt
Ke ma sepulture verrunt.'
Com il [l']oient issi parler,
4936 Tuz en comencent a plurer,
Dolent en sunt li soudeier
E tuit cil altre chevaler.
Morir ne deust tel guerreier
4940 Ki mort quide esponter
Cels que vif soleit grever;
Mais el en firent li Breton,
E li conte e li baron
4944 Kar quant li reis fut finiz,
En Lundres fut enseveliz.
Donc fust Vortigern mandé,
De richef l'unt recoruné
4948 Ki sa femme tant creu ad
Ke pur Henges renveiat,
Mais mandat priveement,
Venist od un poi de gent
4952 Ke Breton ne s'en coruçasent
Ne del pais le recasasent.
Henges vint tut altrement,
Nefs amenat plus que treis cent
4956 E si amenat chevalers
Ben plus de treis cent millers.
    Cum ço virent li Breton,
Si s'asemblent li baron,
4960 Communement en unt parlé,
L'ariver lur unt veé.
Quant sa fille iço lui mandat,
Henges donc se purpensat
4964 Com il felunessement
Peust decevre icele gent.
As Bretons donc ad mandé
E par message devisé,
4968 Pur nient erent esponté;

7ob

D'icele gent qu'il ad mandé
Ne lur estut ren duter,
Puis que morz est Vortimer,
4972 Kar despuis qu'il est finé,
Des sons avreit peis el regné;
Meis ore voldreit od els parler,
Par lur conseil voldreit errer,
4976 Les quels de[s] sons il retendreit
E as quels congé dureit.
'Ço que li reis en voldrat
E sis conseilz loerrat
4980 Par les mens sil me mandez.
Le jurn e le lui me mandez
U nus assemblerum,
U ensemble parlerum
4984 E quanz humes nus i amenerum;
E sanz armes i vengum.'
Li Breton l'unt si otrié,
Li reis lur ad le jurn nomé.
4988 En icel jur qui fust nomé
Es le[s] vus tut asemblé.
Henges idonc controvat
Une grant treison que fait ad.
4992 Chescun des sons, si [cum] hom dit,
Porter i fist un cutel petit,
Dedenz sa bote l'out muscé
Entre la sole e son pé
4996 E com i[l] lur escriast
Chescon son compaignun tuast.
Dedenz les plaines de Salesbire
A treis lues d'Ambresbire,
5000 Si cum ainz fust purparlé,
Par tanz quanz sunt asemblé.
Com il unt lur pe[s] fermé,
Henges ne s'est pas ublié,
5004 En son language les escriat,   70c
Lur cutels prendre lur rovat.

4973 avreis   4977–8 *interverted but corrected by* ·b· ·a· *in margin*

Cil funt son comandement,
Sur Bretons funt l'envaiement.
5008 Treis cenz seissante en ont occis
Estre cels qui eschapent vifs
Kar venuz furent desarmé
Cum d'ambe parz fust juré.
5012 Nepurquant vengé s'en sunt,
Des paens plusurs tué unt
Kar il les peres perneint
Ki par ces plaines giseient,
5016 Vivement se defendeient,
Des paens plusurs occieint.
Uns quens i out mult renomé,
Cist fut Eldolf apelé,
5020 Quens esteit de Gloucestre,
A cest pleit ne vousist estre,
Unc ne quidat vif eschaper.
D'une falde trovat un pel
5024 Dunt les paens ad occis
Ben plus de seisante e dis;
Par le pel si eschapat,
A sa cité si s'en alat.
5028 Li paen el champ remistrent
Ki ses compaignons occistrent,
Mais li reis fut gardé vifs,
En gref prison si fust mis
5032 Tresque il en asseurat
Ke ses recesz tuz lur rendrat.
Cum il ad rendu ses citez,
Lundres, Vincestre, altres asez,
5036 Idonc si l'unt delivré,
La u lui plout si est alé.
Cil vont le pais destruant,
Les Bretons acraventant.
5040 Vortigern donc s'en alat,
Dreit en Wales s'en turnat,
Tuz ses enchanteurs mandat,

5035 aset   5038 le pais *repeated*

Si lur demande que il frat.
5044   Cil lui rovent fere une tur
U puisse maindre sanz pour.
Donc fist elire e fist guarder
Liu covenable a tur funder,   *70d*
5048   Sis enveiat pur cel lu quere
U cele tur puisse faire.
Icil unt tant ja erré
Ke un mult fort liu unt trové
5052   Ke mont Herir fust apelé.
Fundement i unt compassé,
Puis funt venir les maçuns;
Murs comencent qui sunt bons
5056   Kar asez unt pere e morter
E quanque lur fust mester.
Pur neint i sunt asemblé,
En vein se sunt travaillé;
5060   De quanqu'il le jur overent
L'endemain ren n'i trovent.
Li reis si tost cum il l'oit,
Si se tint a escharnit;
5064   Ses enchanteurs mandat,
La fesance si lur mustrat.
Cil lui dient apertement
K'il querge ignelement
5068   Un enfant qui si seit né
Ki sanz pere seit engendré;
Devant sei le facet decoler,
De son sanc le liu aruser,
5072   Le overaigne puis ne perirat
Ke nus hom puis i frat.
    Cum li reis iço oit
De ses serganz si ad choisit
5076   K'enveiat par son regné
Quere l'enfant qui si fut né.
Li serf s'en vunt tut curucé,
Le pais ont ben cerché
5080   E venent a une cité —

5043 frait

Kairmerlin fut apelé.
Cum sunt dedenz les portes entré,
Enfanz juanz i unt trové.
5084 Deus i trovent mult irré
Ki s'entredient grant vilté;
Li uns out nun Merlinus,
Li altre Dinabucius.
5088 Icist apelat Merlin:
'Fiz a putein de pute lin,
Tu ne deis od mei tencer   71a
Devant gent ne contrarier.
5092 De reis su nez de par mun pere,
De dux e cuntes de par ma mere.
Tu es fiz de une puteine
E de une malveise noneine,
5096 Ele ne seit dire qui t'engendrat,
Enfant sanz pere te clamat.'
Li serf le rei unt iço oi
Ki pas ne[l] mettent en ubli.
5100 Les serganz querent de la cité,
De part le rei unt comandé
K'il tut veir lur deisánt
Ki fust pere a cel enfant.
5104 Cil respondent: 'Il est sanz pere,
En ceste vile si est sa mere,
Ele est noneine velee,
En Sudguales si fut nee,
5108 Fille al rei de la contree,
Unc de cors de home ne fust hante[e].'
'Li reis comande que la prengez
E a lui si l'amenez
5112 E son fiz ensemble od li,
Al rei si vengent ambedui.'
Li provost s'en est turné
Ki ceste ad od sei mené,
5116 Dreit al rei en sunt alé
Ki de ço lur sout bon gré.
  Li reis aneire quant les vit
Encontre els mult tost sailit,

5120 La dame ad forment honuré
Qu'ele ert de franc parenté.
Seneement lui demandat
Ki cel son fiz engendrat.

5124 Icele veir lui respondit,
De nul mot ne lui mentit:
'Par la fei, sire, que jo vus dei,
Unckes nuls home ne just od mei,

5128 Mais tant cum jo fu pucele
Asez ere e gent e bele;
Enz as chambres u jo seeie
Od mes compagnes me dedueie,

5132 Si m'aparust un juvencels
Ki mult esteit e gent e bels,
A mei sule se demustrout,
Priveement od mei parlout

5136 Si que cil pas nel veeient
Ki delez mei seeient.
Icist tant me douneat
Priveement qu'il m'enceintat,

5140 Unc puis a mei ne revint
Ne de mei nul pleit ne tint.
Ore en savez la verité
Com li emfes fust engendré.'

5144 Li reis mult se merveilat,
Son maistre Margan demandat;
Cil ert le plus sages devins
Ki iloc fust entre ses veisins,

5148 Si lui ad li reis mustré
Tut cum cest emfes fust né.
Margans respont: 'Ço pot ben estre
Car si cum dient li ancestre

5152 En l'air mainent — nes veit nuls hom —
Uns diables qui incube unt nun,
De angle e de home unt nature,
N'unt nule certein[e] figure.

5156 Cum il volent la gent decevre,
A terre vont pur cors recevre,
Puis si venent a la gent,

7*1b*

Sis deceivent a lur talent.
5160 Mulz enfanz ont si engendré
Cum de cesti m'avez mustré.'
Idonc si vint Merlin avant,
Al rei si dit tut en riant:
5164 'Sire, pur quei nus as mandé,
Pur quei sumes nus ça amené?'
'Ço me dient mi conseiler
Ki ben le volent desreigner,
5168 Si home senz pere puis trover
Ke jo le feisse decoler
E le sanc face asembler
E del sanc cest liu aruser,
5172 A tuz dis meis si estereit
L'overaigne que hom desur fereit.'
Ambrois Merlin lui respondi:
'Apertement vus ont menti,
5176 Mais si ore volent venir avant,   71c
Od els parlerai vus oiant.'
Li reis les ad tost mandé,
Devant Merlin sunt asemblé.
5180 Si tost cum Merlin les vist,
Oiant trestuz lur ad dist:
'Vus loez al rei de mei occire,
Ne lui savez pas ben dire
5184 Pur quei icest fundement
Perist si deliverement.'
Icil sunt tut en escult,
Le plus cointe ne sune mot,
5188 Puis dit Ambrose Merlin al rei:
'Sire', feit il, 'ore creez mei.
Suz ceste terre ad un estanc
Ke mult est lez e mult grant.
5192 Vos humes i fetes tuz venir,
La terre lur feites fuir,
Li estanc serrat sempres trové
Dunt oiant vus ai ci parlé.'
5196 Li reis feit sa gent venir,
La terre si lur feit fuir

M

Hastivement, si unt trové
L'estanc qui fust e grant e lé.

5200　Merlins idonc apelat
Les devins, si lur demandat
Quei dedenz l'estanc aveit
Ke devant els si grant esteit.

5204　Cil ne sourent quei respondre
N'encontre lui n'osent grundre.
'Sire', feit il, 'pur veir vus di
Ke cil trichere vus ont menti.

5208　Sire, l'estanc espuchez
Par russels, si troverez
Deus peres qui gisent as funz,
Chave sunt e tut ronz;

5212　Entr'els ont un paveilon,
Dedenz mainent dui dragon,
Blanc cum leit en est li uns,
Li altre vermail cum fus.'

5216　Li reis mult se merveilat
De si grant sens cum Merlin at
Kar des oilz trestot vit
Quanque Merlins dit.

5220　Merlins comence a parler,
Oiant tuz a demustrer
Ke cil estanc signefiout
E quantque mustré lur out.

5224　Com longement out prophetizé
E merveilles lur out mustré,
Li reis voleit saver sa fin,
Pur ço si priat Merlin

5228　Pur nule ren ne li celast,
Ke sa fin ne li mustrast.
'Reis', feit il, 'ço ert ta fin:
Ja te ardrunt li fiz Costentin

5232　Kar il en cest pais vendrunt
E mult grant gent i amerunt,
Les paens si destruerunt;
Meis primerement te arderunt

5236　Kar par tei fu mort lur pere,

71d

Tu feis decoler lur frere,
Pur les paens enveias
Par ki lur regne destruit as.
5240 Dous morz te sunt aprestez,
Ore les eschuez, si tu sez;
Li paen vont ta mort querant
Ki ton regne vont destruant,
5244 De l'altre part lui dui germain
En Totenés vendrunt demain
Ki lur pere vengerunt,
De male mort te occirunt.'
5248 Trestut veir lur ad mustré,
L'endemein sunt arivé.
Par le pais est espandu
Ke li dui germein sunt venu
5252 E unt amené grant gent
Pur faire mult grant vengement
De celui quis desheritat
E fors del regne les chasçat.
5256 Li Breton qui erent dechascé
De lur venue sunt mult lé,
Od els se sunt tuit ajusté,
Aurelie Ambrose unt coruné.
5260   Cum li clergé l'out enoint,
Lui baron humages lui funt,
Lur recez lui unt livré
Tant que les sons ait conquesté,
5264 Puis parolent de lur guerre,
Coment il la voldrunt fere,
As que[l]s primes en irrunt
E les quels primes requerunt.
5268 Li Breton volent comencer
Sur les paens pur els venger.
Li reis respont que nun ferat,
Sur Vortigern primes irrat:
5272 'Par lui est destruit le pais,
Par lui sunt morz nos amis
Kar iceste gent mandat
Ki tut icest mal fait nus ad.'

72a

5276 Com li reis l'out conseilé,
      Trestut si l'unt otrié.
      Vortigern vont donc suant
      Ki devant els s'en veit fuant
5280 Kar cum ne pout estre fermé
      Le chastel que out devisé,
      A Merlin [le] liu donat,
      Avant en Wales s'en alat,
5284 Al mont Doard en est venu
      Ki mult esteit reconu.
      Un chastel i ad devisé,
      Hastivement si l'ad formé,
5288 Sur l'ewe de Guaie est cil asis
      Dunt Wales l'at a son nun pris.
      Aurelie iloc les trovat,
      Hastivement sis asegat.
5292 Cum tute l'ost fust hostelé,
      Li reis a Edolf ad parlé,
      Dux esteit de Gloucestre,
      Del pais cil sout ben l'estre:
5296 'Dites que vus en est a vis,
      S'il ja purrunt estre pris.'
      Cil dit: 'Oil, ben les prendrum,
      La dedenz tuz les ardrum.
5300 Vos engins tost apareilez,
      Le chastel si asailez.'
      Li reis les sons tost feit armer,
      Un grant atrait tost feit alumer.
5304 Li chastels en est alumé;
      Cil dedenz sunt afolé,
      Asemblé furent a mal' hure
      Kar tuz ars sunt en pudre.
5308 A joie s'en sunt repairé;
      Com de cels se sunt vengé,
      Sur les paens en sunt alé
      Ki mult erent esponté
5312 Kar Henges tres ben saveit
      Ke Vortigern ars esteit,
      Que li reis esteit asseuré

72b

De la seinte crestienté.

5316 De Lindeseie donc s'en turnat
E utre Humbre s'en passat,
Iloc si fermat ses citez,
Ses chastels e ses fermetez.

5320 Cel pais dit qu'il tendrat
E des Bretons le defendrat
Par la force des Daneis,
Des Escoz, des Norhumbreis.

5324 Com Aurelius li reis l'oit,
Mult forment s'en esjoit;
Quanque il pot idonc mandat
E aprés els tost en alat.

5328 Com il passout par les contrees
Ki erent arses e guastees,
Depescez veit ces musters,
Ces alters e ces clochers.

5332 Li reis pité en aveit,
Soventefiez a[s] sons diseit,
Si ja vif poust repairer,
Il les fereit ben redrescer.

5336 Cum Henges oit qu'il veneit
Od tant de gent cum il aveit,
Trestuz les sons idonc asemblat,
Encontre els si chevalchat.

5340 Li paen ont itant erré
K'en un champ sunt aresté
Ki jadis fust renomé,
Kairmasbeli fust apelé.

5344 Henges les sons donc apelat
En son language e dit lur ad:
'Ces Bretons ci attendoms
Kar s'il venent, ben les veintroms;

5348 Nus avum asez chevalers,   72c
Ben plus de deus cent millers,
Il n'unt que dis mil Breton,
Pur ço sai ben que nus les ventrum.'

5352 Li reis tres ben le liu saveit
U Henges enbusché esteit.

Si tost cum il les paens vit,
Les sons apelet, si lur dit:
5356 'Seignurs, un poi vus arestez,
Hastivement si vus armez,
A la bataille vus aprestez.
Ço sunt paen que vus veez.'
5360 Donc feit treis mil chevalers
Attendre armez sur ces destre[r]s.
Li altre sunt a pé armez,
Tut en plein champ sunt arestez.
5364 Es tertres sunt cil de Norwales
E es forez cil de Sudwales;
Si paen volent de champ turner,
Cil les voldrunt ben encontrer.
5368 Edolf lui dux de Gloucestre,
Cum vit aprester si cest estre,
Al rei vint, sil saluat
Mult bonement, puis dit li at:
5372 'Bels sire reis, mult par sui lez
Kar longement ai coveitez
Ke jo peusse veer le jur
U jo fusse en un estur
5376 U Henges pusse corucer
E od lui les noz venger.
Si Deu plest, ui l'encontrai,
Nos ancessurs en vengerai
5380 Ke il felunessement
Occist al grant parlement
Dunt jo vif m'en eschapai,
Cinquante paens d'un pel tuai.'
5384 Cum Edolf issi parlout,
Li reis sa gent ben aturnout;
Devant lur metteit sovent
La felunie d'icele gent;
5388 'A cel seignor vus comandez
Ki de la Virgine fust nez
E es mains Seinte Marie
Mettez vos cors e vostre vie.'
5392 De l'altre part Henges sa gent

72d

Vait conduant mult ferement.
Cum les deu[s] ostz vont ajustant,
D'ambes parz ces greilles sonant,
5396 Ces greilles sonent d'ambes parz,
Puis s'entreferent de ces darz.
La bone gent sunt esbaldi,
Li coard en sunt mati;
5400 De l'une part murent li Sesson,
De l'altre part cheent li Breton.
Henges somunt ben les paens,
Aurelies les crestiens.
5404 Edolf li dux tant cum pout
A so[n] poer si s'en penout
Ke Henges poust encontrer
Pur aemplir son desirer.
5408 Meis cum Henges vit sa gent
A millers morir vilement,
Del champ fuist cum tost pout
A son poer od paens k'il out;
5412 A son chastel donc s'en turnat
Ke Kairconan apelat,
Conengesburc nus l'apelom
Ki enz el pais manum.
5416 Aurelies ben les chasçat
Ke tuz icels pris ad
Hastivement feit decoler
U a servage guarder.
5420 Cum Henges vit qu'il ensueit,
El chastel entrer pas ne voleit,
Mes la defors donc s'arestat,
Les sons entur lui reliat
5424 Kar le chastel ne pout defendre
Ke li reis nel pout prendre
Ne nule garison n'aveit,
Si par bataille nes venqueit.
5428 Quant li reis les vit returner,
Sa gent ensemble fait rester,
Sis veit ferir mult vivement

5393 condiant

Od la crestiene gent.
5432 Donc s'entreferent egrement, *73a*
D'ambes parz morent grant gent
E si ne fust la Deu vertu,
Li crestien fussent vencu;
5436 Meis cil qui furent a cheval
Il sunt venu cum bon vassal,
Les paens vont si ben ferir
K'il les funt tuz departir,
5440 Tres ben les unt trespercé
E sis unt tres ben ultreié.
Li reis Aurelies s'escriat,
Cels qu'il encontre mort les getat.
5444 Le[s] fuanz ben enchasçout,
Les sons tres ben amonestout.
Li dux Edolf de l'altre part
Se demenout cum un lebart,
5448 Il alout ben ces rengs cerchant,
Henges alout demandant;
A la parfin l'ad encontré,
Grant cops se sunt entredoné;
5452 Cil dui se sunt entreencontré
Ki forment furent airé,
Si se ferent d'itel air
Des halmes funt le feu saillir.
5456 Henges out mult fer talent,
Eldolf ferit par maltalent
Sur l'escu qui fut peint a flurs
K'i[l] en abatit les colurs.
5460 Eldolf mult s'en curuçat,
De l'espee tel lui donat
El plus haut de son escu
Pé e demi qui l'ad fendu.
5464 Amb[e]dui furent bon guerrei[e]r
E ben preisé chevaler,
Chescon esteit bon vassal
E cil a pé e cil a cheval.

5437 vassel 5448 regns

5468 Cum longement sunt combatu
Ne nuls ne pot estre vencu,
Guerreheis i survint
Icil qui Cornewaille tint,
5472 Un' eschele od sei menout
De mult bone gent qu'il out.
Quant Eldolf le vit venir, *73b*
Mult se prist a esbaudir,
5476 Henges idonc ad asailli.
Par le nasel si l'ad seisi,
Od tant de force cum il out
A sei le treit cum plus tost pout,
5480 Mult hastivement s'est escrié:
'Acompli ai ma volunté!
Ces altres tuz acravantez
Hastivement, ne demorez
5484 Kar puis que Henges pris avom,
Tuz ces altres ben veintrum.
Seignors, en halt vus escriez,
Ceste aventure a tuz nunciez.'
5488 Cum li Breton ont iço oi,
Mult forment sunt esbaudi,
A la bataille vont corant
Ki einz s'en turnou[e]nt fuant.
5492 Paen sunt mult confundu,
Cum lur seignor ont perdu,
De la bataille sunt fui,
A mort se tenent e a huni.
5496 Idonc fuient par ces guastines,
Par ces deserz, par ces gualdines.
Li Breton les vont dechasçant,
Mult vilement les vont pernant.
5500 Un fiz Henges, Octa out nun,
Od dan Cosa son compaignun
A Everwich donc s'en turnat,
Cels qu'i[l] pout od se[i] menat.
5504 Tut icil qui la sont assemblé

5471 E cil

Tres ben ont guarni la cité;
La dient qu'il se defenderunt
Itant cum vivre purrunt.

5508   Li reis Aurelies Deu en loat
Des paens que vencu ad,
En Conengesburc donc s'en turnat
E treis jurs i sujurnat.

5512   Tant cum li reis sujurnat,
A cels de l'ost comandat
Les morz a ensevelir,
Les nafrez fere guarir.

5516   Aprés si dist a ses barons: *73c*
'Seignors, de Henges que ferums?'
L'evesque Eldad fust a cest fait,
De Gloucestre eveske esteit,

5520   Li quens Eldolf fut son frere
De part pere e de par[t] mere.
Cil dist al rei: 'Ore escutez,
A ma parole ore entendez.

5524   Si nuls nel vousist occire,
Je l'occirai par grant ire,
Od mes dous meins l'ocireie
Kar mult grant dreit en avereie;

5528   Si jo cesti occieie,
Le prophete ben ensuereie
Ki le rei Agag occist
Ki meinte mere vedve fist.

5532   Issi sil faites de cestui
Com le prophete fist de celui
Kar Agag ad cist esté,
Destruit ad crestienté.'

5536   Li quens Eldolf saisi l'at,
Fors de la cité mené l'at,
Veant grant gent l'at decolé
E a enfern l'alme comandé.

5540   Li reis qui fu mult sené
Comande ke fust enterré,

5526 Od mais d.

Sur li fet mettre un muncel de terre
Cum l'en sur paens soleit faire;
5544 Puis must le reis od tute l'ost,
A Everwich si vint mult tost,
Les fiz Henges i asegat
E les paens que dedenz ad.
5548 Com Octa veit qu'il est asis,
Od sei ajuste tuz ses amis,
En langes se sunt tut eissu,
Nupez en sunt al rei venu;
5552 Le sablun out mis sur sa teste,
Une chaene porte en sa mein destre.
Al rei vint, sil saluad
E a ses pez se presentat.
5556 'Sire, tres ben l'avum veu
Ke nostre deu sunt tut vencu
E li ton Deus est mult poant   73d
Par ki sunt vencu nostre gent.
5560 Sire, ta merci crium.
Si nus aver ne la poum,
De ceste chaene nus lieras
E en ta prison mettras.'
5564 Li reis en ad mult grant pité,
A ses barons s'est conseillé:
'Dites mei, seignurs, que ferum
D'iceste gent que ci veum?'
5568 Chescon en dit sa volunté.
L'evesque Eldad s'est levé,
Oiant trestuz si dereisnat:
'Ki merci crie merci averat.
5572 Com lui Gabaonittel
Vindrent as fiz Israel,
De lur gré merci demanderent
E li Jueu lur otrierent.
5576 Crestien valent meuz que Jueu:
De els aiez merci pur Deu.
Icest' isle si est mult grande;
Si lur en otriez un angle
5580 U dedenz maindre purrunt,

Tut dis vus en servirunt.'
Li evesque ad ben parlé
Kar trestuz l'unt si otrié.
5584   Octa e Cosa sunt acordé
E tute la gent de lur regné,
Catenés lur ad le rei baillé
U il se sunt tut herbergé.
5588   En Everwic est li reis entré,
Quinze jurs i ad sujurné,
Redrescer feit les eglises,
Par burs, par viles, u furent mises,
5592   Del son estore arcevesqués
E tuz les altres evesqués.
Cum ses overaignes ad alué,
Dreit a Lundres en est alé.
5596   Cum li rei vit la cité
Ki par paens est deserté,
Sachez que mult l'en peisat.
Les citeins tost demandat.
5600   Donc lur comande a herberger   *74a*
E les murs a drescer;
Puis renovelat les leis
Ke avant tindrent les reis;
5604   Puis demande les deseritez,
Si lur rendit lur heritez.
Les altres ad departi
Entre icels ki l'ont servi.
5608   Iço esteit tut son pensé:
A ben restorer le regné
E seinte eglise relever,
Les leis, la peis, reconformer.
5612   Com en Lundres ad pece esté,
A Wincestre en est alé,
Si fait fere la cité
Ki cum les altres ert deguasté;
5616   Puis si vont vers Ambresbire
U jadis fust le martire

5607 i̧dels (*shaft cancelled*)

D'icels que Henges trahit
Ki des Bretons fust mult hait.
5620 Ambre out nun qui le lui fist,
O treis cent moines i mist;
Prof ert de une bone cité
Ki Kaircradoc fust apelé,
5624 Salesbire ore ad a non.
Li reis i vint e li baron.
Si tost cum en la place vint,
Entur sei les chevalers vit,
5628 U dedenz furent enterrez,
Ki par martire furent finez.
Li reis en out grant martirement,
Si en pluret mult tendrement
5632 E puis si se purpensa
Quele overaigne faire purra
Dunt li lius fust renomé
Par icels qu'i furent tué.
5636 Dunc mandat ses engineurs,
Ses maçuns e ses entaillurs.
Quant trestuz furent assemblé,
Sa fesance lur ad mustré.
5640 Cil ne sevent enginner
Quele chose pusent comencer
Ki a tut dis fust remanant   *74b*
En cel lui pardurablement.
5644 Si cum entre els vont estrivant,
Uns arcevesques vint avant,
Danz Kemorins de Karliun,
Uns hom de grant religiun.
5648 Icist al rei se justat,
Mult ducement dit li ad:
'Sire, si crere me volez,
Dan Merlin quere ferez
5652 Ki fust maistre Vortigerne
Ki devant vus tint la terre;
Kar si lui aver poez,

642 fussent

Tres ben conseillé serrez
5656 Kar tel overaigne enginerat
Ki a tut dis meis esterrat.'
Com li reis ad mult de li enquis,
Sil feit quere par le pais.
5660 Li messager s'en turnerent
Ki de part le rei alerent.
Icist ont ja tant erré
Ke dan Merlin ont trové
5664 El pais de Gewisseis
A la fonteine de Galeis
U plusurs feiz soleit hanter
Empur son cors deporter.
5668 De part le rei l'ont salué
E si l'en ont od sei mené.
Cum od lui sunt al rei venu,
A grant joie l'unt receu.
5672 Li reis desirout a oir
Les choses que erent a venir,
Si lui rovet a prophetizer,
Puis li dirrat son desirer.
5676 Merlins dit que nun freit,
Si mult grant bosoigne n'en aveit
Kar si par escharn le feseit,
Son sens mult tost enpeirreit.
5680 Com li reis l'ot issi parler,
Ne l'en volt ren plus demander,
Mais sa busoigne lui ad mustré
Pur quei il l'aveit mandé.
5684 Quant Merlins iço oit,   74ᶜ
Sagement lui respondit:
'Quant vus iço faire volez,
En Hirlande enveiez.
5688 Ilokes ad desur un mont
Peres que mult beles sunt,
Grande sunt a desmesure
E de mult bele faiture,

5673 E les   5674 rovent

5692 En som un mont sunt aluees,
     De geanz i furent posees.
     Si il isci furent asis,
     Le lui serreit plus bel tut dis.'
5696 Li reis forment commencet a rire
     Com a Merlin iço oit dire
     K'en Hirlande deit enveier
     Pur pere faire acharrer.
5700 Li reis fet: 'Ne me gabbez
     Pur parole que vus oiez
     Kar icil kis i aporterent
     Grant seinté i quiderent
5704 E quant il acun mal aveint
     U il d'arme naferé esteint,
     Iceles peres si laveint,
     Dedenz cele ewe se baigneint.
5708 Iteles sunt cum vus oeiz.
     Enveiez i, si vus volez.'
     Son frere lui reis apelat,
     Dan Huter, si lui comandat
5712 K'il mult tost i alast
     E Merlin od sei menast
     E si livrat chevalers
     Ben armez quinze millers.
5716 A tant del rei pernent congé,
     Lur eire si ont comencé;
     Cum vent orent a talent,
     Es nefs entrent deliverement.
5720 Tant ont puis par mer alé
     K'en Hirlande sunt arivé.
     Dan Guillemans, uns juvencels —
     Icist esteit e pruz e bels —
5724 Si tost cum lui fust conté
     Ke Breton furent arivé,
     Tute s'ost tost asemblat,
     Encontre els si chivalchat
5728 E puis si lur demandat

                                    74d

5719 El

Par icels qu'il i enveiat
Qu'il esteint venu quere
Od tant grant gent dedenz sa terre.
5732   Cil lui ont ben remandé
K'il ont quis en son regné,
Mais Gilleman quant il l'oit
Pur fols les tint, si escharnit,
5736   Puis dist a[s] sons: 'Ore vus armez,
Vostre pais si defendez
Kar ja tant cum nus viverum
Les peres porter ne larrom.'
5740   Cum Uter les vist armer
E lur escheles aprester,
Od les Bretons les assailit,
En petit hure les venquist.
5744   Mult i out morz des Ireis,
Meis vifs en fuit li reis
E fust mult lé que par fuir
Pout sa vie guarentir.
5748   Donc s'en turnent li Breton
Tresque al mont Gillaraun.
Peres i trovent com Merlins
Lur ad dit qui fust divins.
5752   Forment se sunt purpensé
Com il i furent aporté.
Merlin lur dist: 'Ne demorez,
Hastivement les abatez.
5756   Ore verrai qui pruz serrat
E ki bons engins saverat.'
Avant saillent cil bacheler
Pur lur pruesce eshaucer.
5760   Unc tant ne se seurent pener
Par nul engin ne par penser
Ke une pere remuassént
De son lui ne tant ne quant.
5764   Cum les vit si travailler
Danz Merlins e nent espleiter,

5735 escharniat

Forment en rist e dit lur ad,
Des ore ses engins frat.
5768 Idonc mult legerement   *75a*
E asez od poi de gent
Tutes les peres remuat;
As nefs porter les comandat.
5772 Cum as nefs furent portees
E les nefs suef luees,
A grant joie sunt returné
En Bretaigne lur regné,
5776 Od els les peres ont porté
A Salesbire la cité.
En cel liu donc les unt mis
U li Breton furent occis.
5780 Quant ço oit Aurelius,
De la joie si saillit sus;
Hastivement si ad mandé
Tuz les meuz de son regné
5784 E manda qu'il venissént
En cel liu hastivement
U furent occis li Breton
Par Henges, icel mal felon.
5788 A cel jurn qui fust nomé
Trestuz i sunt ben asemblé
E li evesque e li abbé
E tut li baron del regné.
5792 Festivalment li reis i vint,
A Pentecoste sa curt i tint,
De corune d'or se corunat,
Treis jurs pur la feste la portat;
5796 Puis donat mult riche dons
A ses duxs, a ses barons.
E lur servise ben merit
A cels qui l'aveint servit
5800 E donat deus arceveskez
Dunt delivrez erent les sez;
A Dubrice cel de Karlion,

5800 areeveskes

N

Cel de Warewic a dan Sampson.
5804 Puis que quarte jur fust passé,
Dan Merlin si ad rové
Les peres iloc aluer
En ordre cum durent ester.
5808 Merlins le fist mult ducement,
Les peres dresce hastivement.
Com tutes les peres out drescé,   75b
Sachez que mult en fust lez.
5812 A cel terme Paschentius
Ki fust fiz Vortigernus
En Germanie esteit alé,
Mult grant gent out amené;
5816 A cels k'il pout assembler
Mult pramist grant dener
S'il se poust del rei venger
Ki fist son pere enbraser.
5820 Od la gent que assemblé out
Vint en Bretaigne cum plus tost pout.
Si tost cum vindrent a terre,
Partut mistrent mortel guerre.
5824 Si tost cum li reis l'oit,
Hastivement sa gent banist,
Ensemble od els se combatit
E en bataille les venquist.
5828 Paschens vif en eschapat,
Mais de sa gent mult i laissat;
Od icels qu'il od sei out
As nefs en vint si cum il pout.
5832 Donc fust Pascens mult esguarés,
En Germanie n'oset realer
Pur lur parenz, pur lur amis
Ki en bataille furent occis.
5836 En Hirlande donc s'en alat,
A Gilloman si s'en justat.
Cil fust mult lé qu'il est venu,
Si l'ad od sei ben retenu.

5812 Parchentius   5831 vont

5840 Cist heit mult les Bretons,
Vers els aveit quer felons
Pur ço que Uther i out esté
E lur peres en out porté;
5844 Pur ço feit grant gent asembler,
En Bretaigne en volt aler
Saveir s'il se pout venger,
Le rei e Uther corucer.
5848 Com lur navie fust apresté,
En Bretaigne en sunt alé,
A dreit port sunt arivé
A Men[e]ve la cité.
5852 La novele est espandue   *75c*
Ke tant grant puple en est venue.
Uther contre els tost chevalchat
E quanque il pout od sei menat
5856 Kar li reis enferm esteit,
En Wincestre se giseit;
Il i fist son frere aler,
Qu'il meimes ne pout errer.
5860 Quant ço oirent si enemi,
Mult en furent esbaudi
D'iço que malades esteit,
A la bataille pas ne vendreit;
5864 Kar entre els ben se diseint
E tut certein en esteient
De ben veintre la bataille,
Quant del rei ert la faille.
5868 A tant ei[s] vus un mal felun
Ki paens ert, Eopa out nun.
Paschens demande qu'il durrat
A celui qui le rei occirat.
5872 'Ohi!', fet il, 'si jol trovasse,
D'argent mil livres li donasse,
Puis tut dis cher le tendrei,
Mon conseiler si l'en frai.'
5876 Eopa respont: 'Jo l'occirai

Kar jo lur language sai
E les custumes del pais,
De medecine reai apris.
5880 "Bretons sui", ço lur dirrai
E bon mire m'en feindrai.
Uncore pur els ben decevre
E qu'il melz m'en pussent crere,
5884 Dras averai de tapinage,
De plusurs m'en frai sage.'
Paschent idunc li affiat
E sur ses isles lui jurat
5888 Ke si issi le feisseit,
Ses covenances ben li rendreit.
Eopa idunc muat sa chere,
Ignelement fist sa barbe rere
5892 E mult haut si se tondit,
De dras de moine se vestit,
Puis de ampoilles se chargat
E vers Wincestre s'en turnat.
5896 Cum entré fust en la cité,
As reals si s'est mustré;
Cum a els se out demustré,
Devant le rei l'ont amené
5900 Ki mult forment le desirat
Pur le grant sens qu'il i quidat.
Dunc dit al rei qu'il le guarrat
Par un bevre qu'il lui durrat.
5904 Le bevre ad donc al rei duné
Ki tut fust envenimé,
Puis le fait mult chaud covrir
K'il peust un poi dormir.
5908 Li reis fist quanque il volt
Kar sa sainté desirout.
Cum li reis fust endormi,
Li mal tretres s'en fui.
5912 Tres un, tres altre, s'en alat
Ke nuls hom ne l'aresunat.

75ᵉ

5884 Drars   5890 Eocopa   5906 courẹr

Li reis fust morz de la puison
Ke li donat cil mal felon.
5916 Hastivement ont donc mandé
A son frere qu'il ert devié.
Une esteile donc aparust
Ki a merveille cler fust,
5920 Un sul rai de lui eissit
Dunt tut l'eir resplendist;
Tut en guise d'un dragun
Esteit icele avisiun,
5924 De sa buche deus rai eisseint
Ki diversement s'espandeient.
Oez grant signefiance:
Un rai se treit dreit ultre France,
5928 Vers Hirlande l'autre est espandu,
Seit petiz rais en sunt eissu.
Trestuz en sunt esponté
Ki cel signe ont esgardé.
5932 Uther grant pour en out
Ki en Gales cel ost menout,
A sages humes donc demandat
Ke cele estele signefiat.
5936 Entr'els danz Merlin esteit,
Cil qui tant granz sens saveit;
Cil començat donc a plurer
Veant trestuz e a crier:
5940 'Ohi, barun, com le ferom?   76a
Seignurs Bretons, que devendrom?
Geinz est cesti Aurelius morz
Ki justisers ert pruz e forz;
5944 En sa mort trestuz morum,
Si de Deu sucurs n'en avom,
Meis, sire Uther, ore vus hastez,
Od les paens vus combatez,
5948 Si Deu plest, ben les ventrez,
De tut Bretaigne reis serrez.
L'esteile e li draguns ferins

5939 Voant   5942 ⁊ esti

Demustret vus', ço dit Merlins,
5952 'Ke del realme rei serrez
E trestuz nus maentendrez.
Par le rei qui vers France tent
Si sachez tuz veraiment
5956 Ke un fiz avrez tant poant
K'il serrat reis sur cele gent,
Puis si averez une fille
Ke bele ert a merveille;
5960 Fiz avrez ki de li surdrunt
Seit qui cest regne tendrunt:
Ço signifie cest altre rai.
Tut est veir que dit vus ai.'
5964 Uther est tut esbaldi
Des noveles que ad oi;
Puis chevalcha irément
Encontre la paene gent.
5968 Dan Gilleman e dan Paschent
Encontre venent ferement
E quant il s'entrevirent,
Lur escheles tost garnirent.
5972 Ben s'en sunt entreencontré,
D'ambes parz ben co[n]reé.
Sempres en i murent tant,
Li champ en est tut sanglant
5976 Kar d'ambes parz mult fer esteient
E mult ben s'entrefereint.
Com la bataille out tant duree
Ke hure de none fut passee,
5980 Uther par la Deu vertu
Les paens ad ben vencu,
Mais Gilleman e danz Paschens,
Il sunt occis entre lur genz;
5984 Plusurs s'en fuient as nefs
E en fuiant sunt decolez.
Uther s'en est donc turné
Vers Wincestre la cité
5988 U le clergé fust assemblé
E li evesque e li abbé.

Com sunt assemblé, le cors le rei
Ensevelissent par grant conrei,
5992 Puis l'en portent al cimiteire
K'il out feit lez Ambresbire.
Si tost cum il [l]'unt enfui,
Uther, son frere, ont tut choisi,
5996 Tut le regne li unt doné,
De corune d'or l'ont coruné,
A seignor l'ont tuz receu
E si home sunt tut devenu.
6000 Cil s'en issent des citez,
Des chastels e des fermetez.
Donc fist a orfevers bons
Li reis faire deus dragons
6004 De fin or tres ben ovré,
Si furent trestut massé;
L'un ad par present baillé
En Wincestre al meistre sé,
6008 U sis freres deviat;
L'altre a son os retenu at,
Cel pur enseigne portat
En bataille u il alat.
6012 Des donc out icil surnun
Ke l'em le clamat Pendragon.
Com Octa e Cosa l'unt oi,
Ke li reis fust si fini,
6016 Mult par s'en sunt esjoiz,
De lur fiance sunt franchiz.
Donc envei[e]nt pur Seisons,
Passent pur laidir les Bretons,
6020 Puis envei[e]nt en Germanie
Pur aver greignur compaignie.
Quant lur gent assemblé sunt,
Lur guerre tost comencé unt,
6024 Si destruent tut le pais
E Everwich ont asis.
Cum li reis ot la novele
Ke pas ne lui semblat bele,
6028 Mult tost mandat quantqu'il pout

E od sa gent qu'il donc out
A Everwich vint ignelement,
Sis asaillit mult egrement.
6032 Cil se sunt ben defendu
E les Bretons si ont vencu;
Vilement les vont dechasçant
Tresque un mont qui mult est grant;
6036 Iloc sis unt ben asegé
Tresqu'il fust anuité.
Icel mont a cel eé
Diamned esteit apelé,
6040 Meis nus qui el pais manum
Windegates ore l'apelum.
El soverain est un coudrei
E el milui un grant perrei,
6044 Desuz si curt un russellet
Ke nus apelom Coquet.
La furent li Breton assis,
Pur poi que tuz ne furent pris,
6048 Mais cum minut fust passé,
Li reis ad ses Bretons mandé;
Com tut furent assemblé,
Li reis lur dit sa volunté
6052 Ke s'il faire le poeit,
Les paens enginereit.
'K'en loez vus?' ceo dit li reis.
Pur tuz respont danz Guerreheis;
6056 Cil fust dux de Cornewaille
E li plus sages fust sanz faille
Ki bon conseil seut doner.
'Ore n'i avreit que demorer.
6060 Empur iço tost vus dirrei
Tut le meuz que jo en sai.
Hastivement ore vus armez,
Vos escheles si aprestez
6064 E tant cum nuit avom
Es herberges les asailom

6039 apelee   6065 Hes h.

Kar si vus veintre les devez,
Com dit vus ai, tost ferez;
6068 Kar si le jurn i atendom,
A male mort tuit i morum
Kar il sunt tut sanz freur,
De vus si n'ont nule pour;
6072 Il sevent ben que poi gent avum,
Il sunt grant gent, ben le savum;
Par pruesce u par hardement *76d*
Veintrum la paene gent.
6076 Ben lo que si le façom
Kar si Deu pleit, ben les veintrum.'
Ces[t] conseil unt tut loé
E si se sunt mult tost armé,
6080 Puis chevalchent serrément
Envers la paene gent.
Cil quis unt eschelwaité
Od les corns les unt esveillé.
6084 Li paen oent l'esfrei,
Si saillent sus a grant desrai.
Li alquanz se sunt armé,
Li altre se sunt esponté
6088 K'il ne sevent quel part turner;
Partut lur creist grant encombrer
Kar li Breton ben les ferirent
E a millers les occirent;
6092 Octa e Cosa sunt vif pris,
Li altre a la fuie sunt mis.
De la victorie est li reis lé,
Tresqu'en Alclud ad chevalché
6096 E les Escoz avirunat,
Par sa pruesce les dantat
Kar justise tint greinnur
Ke uncque ne firent si ancessur
6100 E si nul lui forfeseit,
Sanz merci justise en perneit.
Com le pais out acordé,

6089 Car tut

Dreit a Lundres en est alé,
6104   Octa e Cosa en feit mener,
En sa prison les feit guarder.
Puis cum long tens out regné
E le pais ben concordé,
6108   A unes Paskes a Lundres vint,
Mult grant feste si i tint.
Par ses servanz ad comandé
Ke tut icil de son regné
6112   A sa feste venissént,
Lur femmes i amenissént.
Tut i sunt mult ben venuz,
A grant joie i sunt receuz.
6116   Li reis mult se esleziat,
De corune d'or se corunat.
Idonc vint dan Guerreheis
Ki de Cornewaile ert reis   77a
6120   E sa femme i amen[a]d,
Igerne, k'il mult amat;
Icele ert bele a desmesure
E de tant bele faiture
6124   Ke tutes les dames del regné
Surmuntout par sa beauté.
A ceste feste vint la dame
De ki bealté fust mult grant fame.
6128   Li reis Uther mult l'amat
Si tost com veu l'at;
Sur tutes li reis l'amat
E ses presenz lui enveiat,
6132   Volunters od li se juot,
Mult riches duns si li donout,
Meis cum se aparceut sis marriz,
Sascez que mult en fust mariz,
6136   De la curt si s'en turnat
E sanz congé s'en alat.
Si cum li reis l'oit dire,
Pur poi qu'il ne se desvat de ire
6140   Pur la dame qu'il tant amout
Ki sanz congé s'en alout.

Enprés els dunc enveiat
E a Guerreheis mandat
6144 Ke a sa curt tost revenist
E d'iço dreit lui feist
K'il issi sanz son congé
De sa curt s'en fust turné.
6148 Guerreheis dit que nun ferat,
A sa curt mes ne vendrat
Kar icele perdre i quidout
K'il el secle plus amout.
6152 Quant li reis l'ot, mult fust iré,
Oiant trestuz si ad juré
K'il sa terre destruereit,
E od la grant ire qu'il ad
6156 Hastivement s'ost asemblat,
En Cornewaille s'en alat.
Si tost com il entrat en sa terre,
Si mut ben mortel guere,
6160 Prist ses citez, abatit turs,
Abatit chastels e ard ses burs.
Guerreheis fust mult anguissus.   77b
Cum de nuli n'ad sucurs,
6164 Sa terre ne lur pot defendre
Ne bataille ne lur pout rendre.
Nepurquant cum plus tost pout
Garnist dous chastels qu'il out;
6168 L'un en la mer esteit asis
U dedenz sa femme ad mis;
Tintagol fust cel apelé.
L'altre est Dimilioc nomé
6172 U dedenz il s'en alat;
Les melz des sons od sei menat
Kar Tintagol si fort esteit
Ke nuls par force nel prendreit.
6176 Si tost cum li reis l'oit,
Od tute s'ost que ot banist
A Dimilioc s'en alat,
Od tute s'ost si l'asegat.
6180 L'eissue est ben deveie[e]

Al duc e a sa meinee.
Ut jurs i sunt plenerement
Li reis e la sue gent.
6184 A tant si se purpensat
Li reis d'icele qu'il amat.
Son chambreleng donc apelat
E son corage lui mustrat.
6188 'Amis', feit il, 'mal sui bailliz.
D'amur Igerne sui si espris
Ke si l'amur de li nen ai,
Ben quid que jo en murrai;
6192 Meis ore me di com le frai
E coment s'amur averai
Kar si tost n'en ai sucurs,
Morir m'estut par ces dolurs.'
6196 Li chambrelengs cum icel ot
Ki ot a non Ulfinmardoc:
'Ki en purreit conseil doner,
Quant nul ne pot od li parler?
6200 Kar ele est en un chastel
Ki mult est e fort e bel,
Tut envirun est clos de mer,
Par un senter i estot monter,
6204 Treis chevalers la defendreint   77ᶜ
Que cent mile n'i entrereint;
Mais nepurquant Merlin mandez,
Par son conseil si en errez.'
6208   A tant par le conseil Ulfin
Devant le rei si vint Merlin.
Li reis lui mustre sa dolur,
Com il se murut d'amur.
6212 Cum il le vit si anguisus,
Mult tost en fust curius,
Puis dit: 'Ore en penserai,
Novel engin vus musterai;
6216 Par mes engins vus muerai,
Altre figure vus durrai;

6211 murầt   6212 anguisuus

Guerreheis resemblerez,
Si vus crere me volez;
6220 Ulfin Jurdan resemblerat
De Tintagol qui la garde at,
Ensemble od vus jo si irrai,
Altre figure si averai.'
6224 Li reis l'at ben granté
E Merlin si l'ad mué,
En la figure Guerreheis
Mult fu ben mué li reis;
6228 Ulfin resemblat Jurdan
E Merlin dan Brithaal.
De l'ost movent priveement
A Tintagol hastivement.
6232 Al chastel si sunt venut,
Un poi devant quarte fut.
Li porters vit li duc venir,
Mult tost li veit la porte overir,
6236 Ben quidat que ço fust si sire,
Si ne l'osat contredire.
En Tintagol la nut entrerent.
Cil qui conustre les quiderent
Les unt receuz e joiz
E a joie les ont serviz.
Li reis od Igerne se just
E Igerne la nut conceut
Li bons reis, le fort, le seignur
Ke vus oez nomer Artur.

8 resembleret   6226 guerilacheis   6233 qªrarte

NOTES

41. **gens** This negative expletive is usually said to have become obsolete in O.Fr. about 1200, so we have here a later example, possibly due to A.-N. conservatism. It is to be added to the list given by Professor Reid in his article 'Old French *giens*, Provençal *ges*, Catalan *gens*', *M.Æ.* 11 (1933), 64–7; the absence of a verb makes it most akin to the Catalan example—*e vos ho devats ben fer, no gens par mi solament, mas* . . . —quoted there.

89–90. In the *Historia* Assaracus is of mixed Greek and Trojan origin and had been left three castles by his father; he is resisting the claim laid to them by Pandrasus, so he has ample motive for joining Brutus.

155. **Spartane** The *Historia* calls the castle *Sparatinum*, but in view of 527–30 the form in our text may not be a mere scribal corruption but a confusion with classical Sparta.

195. **a bans** The Greeks, taken by surprise, are in flight and crowding to cross the river. The *Historia* does not stress the numbers, but Wace says more emphatically *En Achalon* . . . *En est grant masse entré fuiant* 279–80 and our author has the same preoccupation. The context would support a rendering 'in bands, troops', but such a meaning for *bans* is not attested elsewhere. Professor Reid suggests the possibility of reading *a ban[dun]s* with adverbial *s* added to the normal locution.

251–2. Brutus and the Trojans are attempting to take Antigonus prisoner and Anacletus and the Greeks to rescue him; *l'autrui*, where the definite article has the value of a demonstrative pronoun, contrasts with *le son* in the preceding line, and both phrases are in the singular because the author has Antigonus and Brutus in mind.

364. Transition from indirect to direct speech is not uncommon in O.Fr. and occurs elsewhere in our text (e.g. 332–3), but here it slips in almost parenthetically. Anacletus is being told what to say to the Greek sentinels and suddenly we have the actual words he is to use. The form *poemes*, presumably indicative present, is an instance of a first person plural ending rare in literary A.-N. but common in the legal language. Tanquerey (*Étude sur le verbe en anglo-français*, (Paris, 1915), pp. 174–5) in his discussion of the ending quotes *semes* from Angier's *Vie de S. Gregoire*, giving the wrong line reference (3271 for 2271), and *seimes* from *Dermot* (ed. G. H. Orpen, Oxford, 1892) 2309, and points out its use in the Year Books.

420. MS. **es espees** A preposition is clearly required and the simplest correction is to read *des* (cf. 760).

425. **chastelein** These are the garrison of Sparatinum, and the word is not to be taken in the narrow technical sense of 'castellan'.

475. **tresbeit** In the *Historia* Mempricius advises the Trojans against staying in Greece on the ground that the Greeks *quibusque etiam nugis*

ncitati uindictum sumere nitentur (I, 10); though Wace has nothing apposite, he Munich *Brut* renders the passage by *N'i aroit si pou d'achaisun, Ne vos 'ust a cunfusiun* (967-8); this makes it likely that our author is translating he same phrase, so *tresbeit* is probably to be understood as 'pretext', hough I have not come across the word elsewhere.

480. As our author everywhere else uses either *a talent* as in *Seignor ueient a talant* 3244 or *a* (poss. adj.) *talent* as in E *hostages a lur talent* 1735, it is possible that the scribe introduced *bon* from the preceding line.

488. As the sense seems to require an adverb, I have introduced *tost*.

525-32. Geoffrey of Monmouth does not name the port of assembly and both Wace and the Munich *Brut* follow him: our text specifies Mycenae, but confuses it with Messina (cf. Intro., p. xx).

589-92. As shown by the faulty rime, there is some dislocation here,— but not, I think, an actual omission. Possibly the author wrote *esta* in 89 which the scribe, unacquainted with the form, altered. The use of *ster* would be a little unusual, so perhaps the original rime was *esteit : 'endreit*. In any case we have here an addition by the author. The *Historia* peaks of an image which would answer suppliants, and Wace and the Munich *Brut* follow it; but if, as we are told, the island is uninhabited, how were the scouts to know of the oracle? The inscription thus appears to be our author's answer to that question.

612-13. **voiz**; cf. **boifs** 4330 This unusual spelling, though not entirely unknown, is late and is to be attributed to the scribe. In his edition of *La Petite Philosophie* (A.N.T.S. 1) W. H. Trethewey has a note on *gloiz* glutton' (l. 2815); he refers to the equivalence of *oi* and *ui* and the reduction of *ui* to *u* in later A.-N. which led to the occasional use of *oi* for *u*. In Samson de Nantuil's *Proverbs*, according to S. Hilgers, *Der Lautstand n den Proverba Salamonis von Samson von Nantuil* (Diss., Halle, 1910), 3, the orm *voiz* (<*votum*) occurs at 8719, possibly, as she says, under the influence of *voiz*<*vocem*).

627-30. The four names are ultimately from the ancient geographers, but reached Geoffrey of Monmouth mainly through Nennius. The *altels es Philistiens* (627) represent the *Arae Philaenorum* of classical Latin, but already in Nennius (c. 15) they had become *aras Filistinorum*; they were on the border of Cyrenaica and Africa. The *lac de Saniliens* (628) is a corruption of the *lacum Salinarum* of Nennius (c. 15) and Geoffrey of Monmouth (I, 11); Wace (709) calls it *lac de Salins* and the Munich *rut* (1249) *lai des salinieres,* both, apparently, to secure a rime. *Ruscicare* 529) is a modification, for the sake of the rime, of *Rusicadam* in Numidia, ow Philippeville in Algeria. *Zare* (630) is closer to the *Zarec* of the *listoria* (I, 11) than to the *Azariae* of Nennius (c. 15), but *Azare* in Wace 712) suggests that a form with initial *A* was in some copies of the *Historia*; the exact location is unknown.

655-6. How is the rime to be interpreted? It is true that we find *ompaignie : Germanie* 1745, 1762, 6021, but other rimes suggest that here he rime is in -*aine*. We have *compaines : plaines* 803 (which recalls *cumaigne : plaigne* in *Haveloc* (ed. A. Bell, Manchester, 1925) 1075), and also

Bretaigne : *compaignie* 1841 which shows that the spelling *compaignie* in ou
text is ambiguous; the Munich *Brut* has *Moretaine* : *compaine* 1261.

728. **s'astent** I take this to be for *se hastent*. The text shows some con-
fusion in the treatment of initial *h*, cf. *ardiz* 2960, 3241, but on the
other hand *le honur* 4341 (I have therefore retained scribal *al honur* 1204
del honur 3776), *l'altre her* 272, 456.

839–40. Though the construction is quite normal, the sense is wrong
for Corineus appears to be threatening his own side! The emphasis on
his part in the battle is entirely due to our author, so we get no help i
interpretation from his source. Also, though two possible correction
come to mind—*Franceis* for *Troiens* or *maintenant* for *manaçant*—bot
involve rather improbable miscopying by the scribe.

849. **As primerains cops** In view of *des primers coups* 833 and a
primers cops 2307 it is possible that our author used the shorter adjectiv
here.

914. MS. **peine dure** In view of 3076 I have emended to *pesme e dure*.

915. **geinz** This word which occurs again at 5942 conveys the ide
of suddenness and unexpectedness, but I have not met it anywhere else

937–8. MS. **cité : apelee** It is uncertain whether the rime is due to
the author: on seven other occasions he has the rime *cité : apelé—Iloc*
fit une cité, Kairenbrac fust apelé 1153–4 (cf. 1177–8, 1207–8, 1849–5
4074–5, 5080–1, 5622–3), but each time without the feminine form of th
past participle. Moreover he does not feel bound to observe agreemen
for gender, e.g. *La parole lui ad mustré, Quant li reis l'ot, mult s'en feit*
497–8, *Locrinus out nun l'einzné, Sa part fut Logres apelé* 1037–8. The scribe
on the other hand, does confuse *é* and *ee*, e.g. *citee : apelee* 1471–2, *doné*
contré 4789–90, 4793–4. It seems to me probable that the author did no
inflect the participle in the present instance, so I have emended.

987. **saisant**, 3604 **saisent** In both lines the introduction of th
inchoative form would give a correct octosyllable but, as the author ma
be responsible, I have left the forms unchanged.

1040. **casiens** In his account of the partition of Britain among th
three sons of Brutus our author is clearly seeking to diversify his termin
logy, and it is useful to compare this passage with the later one in whic
he relates the division of the kingdom between Belins and Brenniu
where he says of the elder that he *De Logres e Wales fut casez* 1514 and
the younger that *De cels d'Esscoce fut cil dux* 1516. In the earlier passag
he finds he requires rimes for *maiens* and *terz* respectively. Albanactu
the third brother, *d'Escoce fut reis eisez* 1044 which is parallel to 151
both in form and intention. Kamber, the second brother, *li maiens, St*
les Gualeis fut casiens; here the intention is the same as in 1514, but th
form is different, *casez* being a p.p., but *casiens* must be in effect a noui
The author uses *casement* three times (462, 1910, 4782) and *caser* again
3993; this leads me to ascribe *casiens* to the same word-group and t
surmise that it may possibly be a creation by the author for the sake
the rime.

1046. **Scot Albana les apele l'um** The reference is to the inhab tants, not, as in the *Historia*, to the country; the term used seems to go back, possibly by way of a gloss, to a distinction between the Scots of Ireland and those of Alban.

1069 ff. The author here departs from his source in several important details. He makes no mention of Locrine's share in the spoils nor of Estrild's origin nor of her two companions in misfortune, and Locrine is already married to Gwendolen, daughter of Corineus; later he has Estrild beheaded (1113), but retains the drowning of her daughter, unnamed, in the Severn.

1152. As there is nothing to which *iloc* in the next line can refer, there must be an omission of one line, if not more.

1157-8. Geoffrey of Monmouth gives *castellum puellarum* and *montem dolorosum* as alternative names of *mons Agned* (II, 7); Wace gives only *Chastel des Pulceles* as an alternative and avows his ignorance of the reason for that name (1529 ff.); the Munich *Brut* also gives *Chastel des Pulceles* with the additional qualification *a cent tureles* (2563), and this feature appears to be echoed by Gerbert de Montreuil in his *Perceval* continuation (ed. M. Williams, C.F.M.A., Paris, 1922-5) where the hero and his sister *ont le Chastels as Puceles Veü, ou tant a de toreles* (3009-10). Our author, or his source, evidently knew of the identification with Edinburgh, and this is generally associated with the tradition that St. Monenna founded a nunnery there.

1191-4. An interesting passage, but not without its problem. In the *Historia* the foundation of Bath precedes the mention of Bladud's knowledge of necromancy; in Wace, on the other hand, it follows, and our author goes even further in this direction by introducing a causal connection between the two (1193); the addition of sulphur (1194) corresponds to reality and evidently rests on local knowledge, but whose—author or source? The problem is the meaning of *mance*. Professor Reid suggests to me that it may be a figurative use akin to the idiom 'to have something up one's sleeve'; the rime is no obstacle to this view, cf. *The Romance of Horn* (ed. M. K. Pope, A.N.T.S., Oxford, 1955-69) II, 72. The corresponding passage in the Munich *Brut* reads: *Il sout asseiz de nigromancie E d'un altre art, de piromancie* 2716-17; did our author also include a second art and is *mance* the result of a dislocation in the text?

1250. Wace reads: *Tant as, tant vals e jo tant t'aim* 1742; the Munich *Brut* has: *Tant as, tant vaus e je tant t'aim* 2880; in Chardri, *Petit Plet* (ed. J. Koch, Heilbronn, 1879) we find: *Tant as, tant vaus e tant vus eim* 1642. Cf. Morawski, *Proverbes français* (C.F.M.A., Paris, 1925) 2283.

1276. Apparently the author is assuming a peaceful take-over, not, as in the *Historia*, a forcible seizure, though he may have in mind the division of the kingdom on the marriage of the two elder daughters, for later (1449-52) he reverts to the other conception.

1297-8. 'Either you will do it henceforth or you will go from here.' Though the pronoun-order in 1297 is normal for two objects, it is unusual here where *vus* is, I think, emphatic subject.

o

1322. **Sei terz** contradicts **vus altre** 1310, but should not be pressed too far as the number of retainers varies from text to text.

1345. **enveirat**   Though unexpected, I think the choice of verb is intentional. Lear does not propose to go direct to his daughter, but to send a messenger to announce his arrival; this is what actually happens (1355–8).

1391. The large initial is indicated by the guide letter, but would come more fittingly at 1395.

1405–6. The couplet refers to Cordelia's sisters and their husbands and in the first line we should expect the disyllabic *serurs* which the author uses elsewhere. *Ogesurs* seems to be unknown and the line offers difficulty in interpretation, but the reading was confirmed for me by T. A. J. Burnett, Esq. of the British Museum. One possibility is to assume that the author wrote *a ouxurs (cf. *E a ouxur la demandat* 1270), and that a hole developed through which *ges* appeared and was copied by the scribe; but to accept this necessitates changing *qui l'* to *quis*. Another is to take *aoge* as adverb (= *ahoge*) and *surs* as past participle of *surdre* which receives some support from ll. 1448–50, but although the author apparently intends to refer to the king by the pronoun, it is difficult to find a satisfactory meaning for the verb, because the mood is quite wrong.

1473–8. The successors of Cunedagius are not mentioned and thus the fratricidal strife of Ferrex and Porrex does not appear. But whence the period of *plus de ·c· anz*?

1483. **Diocenis**   This comes from *Clotenis* (var. *Clocenis*) in the *Historia* by the not uncommon confusion of *cl* and *d*. Cf. Wace *Doten* (= *Cloten*) 3672, *Cloart* (= *Doart*) 7607, *Annales Domitiani Latini* (ed. F. P. Magoun, Jr., *Mediaeval Studies* IX (1947), 235–95) s.a. 490: *Andrecles* (= *Andredes*).

1488. A line riming with *prist* 1487 has certainly dropped out and probably also at least a couplet in which two other kings would be mentioned.

1571. According to the *Historia* Guthlac, after his fleet was dissipated by a storm, landed in Northumbria (III, 2) and Wace is even vaguer: *Al quint jur vint en Engleterre* 2497. There are indications that our author was not unfamiliar with the North of England, so the Tyne would naturally suggest itself as the place of entry.

1605–8, 1641–3. Following the *Historia* we have a double mention of the flight of Brennius and the two accounts do not quite tally. Geoffrey of Monmouth tells how after his defeat *nec ex residuis mille superfuerunt qui illesi abscederent* (III, 3); Wace mentions no number, but, in our text, Brennius flees *Sulement od ·m· compaignuns* 1606. Next the *Historia* tells us Brennius *uix unam nauim nactus ut fortuna conduxerat gallicana litora petiuit* and Wace follows: *A grant peinne s'en eschapa; Une nef en un port trova, Sei dozime dedenz entra* 2560–2. Our author on the other hand says Brennius *Od sul dous nefs est eschapez* 1607. I am inclined to think this is not a slip, but a deliberate change; our author apparently thought the thousand escaped with Brennius and reflected that one ship might not accommodate them all. After the digression in which Belinus' dealings with Guthlac and other matters are related the narrative returns to Brennius and his flight and now, in agreement with his source, *Od sul ·xii· de ses amiz En une nef est eschapez* 1642–3.

1644. **Normundie,** 2142 **Normondie** These spellings reflect the change from *ã* to *aun* and then to *on* and are to be attributed to the scribe. The spelling with *on* is frequent in the *Brut* continuation published by F. Michel, *Chroniques anglo-normandes* (Rouen, 1836), I, and assigned by Vising (*Anglo-Norman Lang. and Lit.* (Oxford, 1923), No. 295) to the mid-thirteenth century. Earlier our author told us how Lear *En Normandie est arivé, Puis ad par France tant alé* 1352–3, which suggests that he is distinguishing the dukedom from the Capetian monarchy, but this is doubtful since Brennius who here goes to Normandy had earlier, in the same escape, gone to France (1608).

1645. **les pers** Presumably the Twelve Peers are meant, but they were French. Why they were brought in here we do not know, but Wace, expanding a statement in the *Historia*—*Erant tunc temporis ·xii· reges in Gallia* (I, 13), introduced them into his account of the struggle between Brutus and Goffarius—*Pur querre aie ala en France As doze pers ki la esteient* 922–3. Cf. L. Waldner, *Wace's Brut und seine Quellen* (Diss. Jena, 1914).

1725. **conte** Here and at 1817 the author is translating Geoffrey's *consules*; Wace does the same at 2881.

1729. **sené** Used here and at 2137, 3207 of the Roman senate, it is perhaps under the influence of *sené* 'wise, prudent' that it is used for 'senator' at 3341, 3650, 4286.

1735. As in the *Historia* the number of hostages is not given until they are hanged (1813); on the other hand Wace specifies the number—twenty-four—at this point in the narrative.

1775. MS. **enbroche** The abbreviation is the same as that for *-us-* in *enbuschement* 1779, but the scribe undoubtedly started to write *enbro-* and then added the superscript ^; if he had *enbronché* before him and his eye was caught by *enbuschement*, he could have added the ^ instead of the tilde; as it is less easy to explain a change in the reverse direction, I have adopted *enbronché* in the text.

1850. **Kairuse** The city was built on the River Usk and Wace calls it *Kaerusc* (3188, 3197, 3205); the Harlech MS. of the *Historia*, as collated by Griscom, reads *Kaeruso* (III, 10) and this form would explain that used by our author.

1852. **Karliun** In the margin is the gloss *Kardul'*. The confusion of Carlisle and Caerleon is not confined to literature; in Henry of Pytchley's *Book of Fees* (Northamptonshire Record Society, II (1927), p. 27) we read at the end of one document *Teste meipso apud Karlyoun vicesimo primo die Marcii anno regno nostro quinto,* but the editor points out that, as shown by *Cal. Rot. Parl.,* p. 307, the true reading is *apud Karliolum.*

1908. **desheritee** Though the verb occurs elsewhere in our text several times, it is always there used with its ordinary meaning 'dispossess'. Here we should expect *desertee* (cf. 970), but, as confusion of the two verbs is just possible, I have refrained from emending. Cf. *Petite Philosophie* (ed. W. H. Trethewey, A.N.T.S., 1, Oxford, 1939), l. 398.

1955-8. This naming of the district is unknown to Geoffrey of Monmouth and is duplicated later by our author (3264). Cf. his threefold donation of Caithness (p. xv).

2042. **Archallon** Earlier he is called *Argallun* (1991) and later *Argulum* (2051); there seems to be some uncertainty in the spelling in the *Historia*, but similar apparently unmotivated variation occurs with other names in our text. Cf. 1943, 2889, 3389, 3707, 4397 (see note).

2075-94. Our author merely keeps the list of names, but varies the order here and there in order to secure a succession of rimes in *-us*. Wace by adding descriptive terms to some of the names is able to keep much closer to the *Historia*. Our author has omitted some names, but includes in his list some of the earlier kings, so his total is slightly larger than in his source. But whence the period of five hundred years? Cf. 1478.

2147-50. A mistake seems to have crept into the telling of the anecdote, for we should expect a reference to the white cliffs. There is another mention of cross-Channel visibility in the A.-N. life of St. Richard of Chichester (ed. A. T. Baker, R.*d.l.r.* 53 (1910), 245-396). At the time of the saint's death in hospital in Dover

> pechurs cele nuit ne sai quant
> e autres del port de Wissant
> ke en la mer la nuit veillerent
> e le port de cele mer garderent,
> ke meimes la nuit quanque la furent
> une flamme virent e aparçurent,
> ke tres clere resplendisseit,
> ke de la meisun avant dite munteit
> vers le ciel sus el firmament,
> ke trestuz virent apertement,
> les muntaines envirun ensement   (1557-66).

2209-26. This account of the preliminaries to Caesar's first invasion of Britain does not harmonize with what follows. According to the *Historia* Caesar, in the course of his conquests, arrives *ad litus Rutenorum* (IV, 1), learns about Britain and its inhabitants and sends a demand for tribute which is proudly refused; thereupon he musters a fleet, though we are not told where, and sails to the Thames estuary, i.e. up Channel; at this news Cassibelaunus rushes *ad Dorobellum oppidum* (IV, 3), holds a council of war, marches against the Romans and is able to join battle before the beach-head is established. Now it is generally held that *Dorobellum* is due to a misunderstanding of a personal name *Dolobellus* in Nennius, but this does not explain, in itself, the change from *l* to *r*; it may be that Geoffrey was influenced by his knowledge of *Dorobernia* (= Canterbury); cf. *Dorobernie que nunc Cantuaria dicitur* (VI, 10), but we do not know where he imagined his *Dorobellum* was situated. Wace, following the *Historia*, brings Caesar to the Channel coast and has him sail, after the same sequence of events, *La u la mer receit Tamise* (3978), but incorporates information deriving from another source. He treats Boulogne as Caesar's headquarters (3856) and gives the number of his ships—*Quatre vinz en i out si larges* (3966). In his note to this line the editor remarks that Wace 'pouvait se renseigner dans Bède (I, 2) ou dans Landolfus (I, 156)'; the editor probably favoured the latter as source, for he accepted the findings of L. Waldner (*o.c.*), subsequently amplified by Miss M. Houck (*Sources of the Roman de Brut of Wace*, University of California Publications in English, V, No. 2 (Berkeley and Los Angeles), 1941) but it is to be noted that Bede, who records Caesar's arrival among the Morini (I, 2), had earlier (I, 1) referred to Richborough and the distance thence across the Channel to Boulogne. A further question now arises: did Wace name the British assembly-point? His editor, following his manuscript base, prints:

> Cassibellan, ki bien saveit
> Ke cele gent venir deveit,
> Aveit assemblé ses barons,
> Qu'il aveit de partut sumuns   (3981–4);

a group of seven manuscripts (though it may be only a coincidence that these manuscripts are probably later in date than our text) reads at 3983 *Esteit a Dovre od ses barons*, a variant which the editor, after discussing it in his introduction (pp. xxxv–xxxvi), rejects on the ground of its incompatibility with the immediate British reaction to the Roman landing. This is a logical objection, but not necessarily a valid one in view of our author's treatment of the episode. As we have read, for him Caesar arrives at Wissant (2209–10) and informs Cassibelaunus of his intentions, whereupon that monarch summons his forces and

> Idonc sunt tuit asemblé
> En Dorobelle la grant cité,
> Issi out nun a icel tens,
> Dovre l'apelent noz parenz   (2223–6).

We do not know what warrant he had for this identification, and in the *Description of England* we are told there is a see *En Dorobelle la cité Que Cantuorbire est apellé* (73–4). Nevertheless Cassibelaunus is able to attack the Romans on the bank of the Thames before their bridgehead is established! It is possible the explanation is an ill-judged conflation of two accounts. We have seen that Wace uses information available in Bede's account of Caesar's first invasion, and our author later uses information (2489–92) also to be found in Bede, but there Caesar makes a cross-Channel attack and neither then nor later does he sail to the Thames.

2241. Though the absence of a fourth rime (in *-us*) would not be unusual in A.-N., it does suggest the possibility of an omission and the context seems to require an enumeration of the other nephew's contingent. Whence did our author obtain his figures? They are not in his known source.

2310. It is unusual to find *pur poi* in an affirmative context, but there is an example in *Miracles de la Vierge* (ed. H. Kjellman, Uppsala, 1922), XXX, 44: *L'eritage receit & s'i entent, Si cum pur poi funt tute gent*, and two more in the *Vie de Saint Édouard* (ed. Ö. Södergård, Uppsala, 1948), 166: *Plus tost vent le mal que le bien Et ceo pur poi en tute rien* and 1700: *Trestuz furent desesperez E pur poi tuz deseritez*.

2367–72. The construction is not very clear. I take *sempres* + conditional to indicate an imminent certainty corresponding to the use with the future in *Roland* (ed. F. Whitehead, Oxford, 1942) 1055, 2053. More unusual is the position of *si* in 2369; it belongs with *ben*, but appears to have been separated for emphasis. The general sense of the passage is: Caesar thought he might be staying so long that he would be defeated, for the Britons smite so well and are attacking fiercely and their forces are always increasing and those of the Romans decreasing.

2416. **Mors Croz** This renders *crocea mors*, the name of Caesar's sword in the *Historia*. The adjective does not appear to have left any other traces in O.Fr. nor has it the feminine form we should expect. Is it a creation by the author or did he confuse the noun with *mors* (< *morsum*)?

2467. In the *Historia* we are told after Caesar's second defeat that prior to this attempt he had built a tower *in loco qui Odnea uocatur* (IV, 7). Our author, in common with Wace and the Welsh, tells of the erection in its chronological place. The name has become *Odre* in Wace and the edifice was later known as the Tour d'Ordre.

2485–92. According to Geoffrey of Monmouth Cassibelaunus staked the riverbed *palis ferreis atque plumbatis & ad modum humani femoris grossis* (IV, 6); the last phrase goes back somehow to the account in Bede (*Historia Ecclesiastica*, ed. C. Plummer, Oxford, 1896) who relates that Cassibelaunus had staked the bed and bank of the river

quarum uestigia sudium ibidem usque hodie uisuntur, et uidetur inspectantibus, quod singulae earum ad modum humani femoris grossae, et circumfusae plumbi immobiliter erant in profundum fluminis infixae (I, 2).

In Nennius the proconsul Dolobellus had placed *sudes ferreas et semen bellicosum in vada fluminis* (c. 20) and this, combined with Bede, underlies the account in the *Historia*. It is curious that our author makes no mention of the thickness of the stakes, which is in Geoffrey's work, but does mention their survival, which is not; 2487–8 are our author's explanation of the occurrence of the two metals. There is, of course, a fundamental difference between Bede's account and that in the *Historia*: in the former the Britons are awaiting an attack across the river from the south, in the latter upstream from the east.

2503–8. This list is an echo of the chansons de geste.

2523. MS. **de trefs** The context shows that the reference is to the second 'wave' of ships, so I have emended for clarity. The same graphic confusion (*detrefs* for *detrés*) occurs in *Dermot* 2799 and—as *detriefs*—*Apocalypse* (ed. O. Rhys, A.N.T.S., Oxford, 1946) 783.

2524. MS. **poureit** The verb should be in the plural; the simplest correction is to assume the omission of a minim and read *pourent*.

2599. A favourite mediaeval sport. Cf. *Horn* 2567–676.

2629–32. This account, in agreement with the *Historia* (IV, 8), makes Evelinus guilty in the matter of his rival's death, thus contradicting the story told by Androgeus in his letter to Caesar (2699–708) where, again in agreement with his source, the author ascribes the death to an accident. There is something wrong with 2631 and Professor Reid suggests inserting *que* before *manace*.

2667. I take *le* to refer to Androgeus' decision to seek help from Caesar.

2677. 'If I had kept myself to myself.'

2705. MS. **estrivavent** The form of the verb is impossible; it is perhaps a little more likely that the author used the etymological, not the analogical, form of the imperfect, so I have emended accordingly.

2726. **Scena** This, rather than *Sceva*, seems to me what the scribe has written. The same possibility exists with regard to the name in the editor's manuscript base in Wace (4545).

2784–8. Following the *Historia* the setting of the battle—hill, rocks, hazel-thicket—is the same as for the later battle between Uther and the Saxons (6036 ff.). It is curious that both Wace and our author seem to play down the height of the refuge as though aware of a certain incompatibility with the location in southeast England. The former calls it *un tertre* (4616), *le tertre* (4632) and *un mont* (4627), the latter *un grant mont* (2784), but later *un petit moncel* (2832). *Coldun* is an unattested, and improbable, form; Professor Reid suggests it may be a mistake for *coldrin*.

2904. 'Then he speaks to another text.'

2925–6. MS. **emperur : chere** The rime is definitely bad; as our author does use the correct nom. sg. form, I have introduced it here.

3050. **les sons,** 3077 li son These are Hamo's own troops. The situation is quite clear in the *Historia* where Hamo puts on British armour and *quasi brittanus contra suos pugnabat* (IV, 13), but our author has condensed a little too drastically; he also makes no mention of Hamo's knowledge of the native language which enabled him to carry out his scheme.

3101–4. There seems to be something wrong with 3104. According to the *Historia* (IV, 14) Claudius, having taken Porchester, is advancing on Winchester, occupied by Arviragus; the latter decides to come out and face the emperor. This is also the situation in our text, but *le rei* makes it appear that Arviragus is not in the city, of which we have just been told *Dedenz ert Arviragus*. This contradiction would be avoided by reading *lui* (= Claudius) for *le rei*.

3173–4. There is something wrong here, for, as they stand, the two lines do not connect and something may have been omitted. Assuming, however, that the rest represents what the author wrote, the sense could be improved by reading *crestiené* 'made Christian'.

3210. In the *Historia* Vespasian attempts to land *in Rutupi portu* (IV, 16), but meeting opposition sails to Totnes. *Rutupi portus* is Richborough, but, as Arnold pointed out in his note to *Brut* 4552, this was in the twelfth century no longer on the coast. Whether Wace and our author actually knew its identity we cannot say, but they vary in their renderings. On its first appearance in the *Historia*, as Caesar's landfall on his third invasion, Wace apparently leaves it unidentified (4552), though two manuscripts of the *Brut* equate it with Romney, but our author chooses Dover (2735); its second appearance is as Vespasian's attempted landfall and here Wace gives Dover (5110) and our author Pevensey (3210); the place appears a third time in the *Historia* on Arthur's return to fight against Modred and here the manuscripts of the *Brut* divide in their identification—some give Romney, some give Sandwich; the corresponding section of our text has not survived.

3259, 3265. It is curious that in both lines we have a verb whose subject is not clearly indicated; in the first the reference is to Marius, in the second to Roduc. As we have no means of knowing in what form the author mentioned them, I have not attempted to supply the deficiency, though adding *li reis* would make sense.

3263-4. This is the second naming of Westmorland in our text and echoes the phraseology of the first, which was to celebrate a victory over the *reis de Moriens* (1939) and, as we saw (1955-8*n*), has nothing corresponding in the *Historia*. Here the victory is over Roduc, king of the Picts; Geoffrey tells us how Roduc came from Scythia, but was defeated and slain by Marius and how the latter, in memory of the event, *erexit lapidem* which was inscribed, *in provincia que postea de nomine suo Westmaria dicta fuit* (IV, 17). In the manuscript used as base by Griscom the invader is called *Sodric*, but in a later manuscript *Roduc*, the form used by our author. Wace calls this monarch *Rodric* (5162), but says the stone was called *Vestinaire* (5184), a form due partly to a misreading of *Westmaria* and partly to a misunderstanding of the sentence in the *Historia*. Ultimately this section goes back to the legend related in the *Chronicle of the Picts and Scots* to which W. J. Watson, *The History of the Celtic Place-Names of Scotland* (Edinburgh, 1926) refers in his discussion of the place-name Clochrodrick (*o.c.*, p. 201); he associates the form of the name there given to the stone—*Westmering*—with an attempt to account for the place-name Mearns in Renfrewshire. This is not the place to enquire how the story got into the *Historia*, but it is interesting to recall the entry in the *Estoire des Engleis*:

> Ninan aveit einz baptized
> Les autres Pecteis del regned —
> Ço sunt les Westmaringiens,
> Idunc esteient Pectiens   (965-8)

which may be connected with *Westmering*. It looks as if the syllables *mor* in *Morianorum* and *mar* in the *Westmaria* of our author's source brought to his mind the English county-name, though it is curious that when the *Historia* does later mention Westmorland—as the scene of a battle between Octavius and Trahern (V, 8)—he leaves the scene of his battle unnamed (3685–8).

3289. MS. **Icele la** This does not make sense; the simplest correction is to read *lei* for *la*, which I have done, though that may not be what the author wrote.

3313–22. Our text reverses the order in which the *Historia* names the three archbishoprics; further, by the inclusion of *Berniçun* it is in agreement with the Welsh: *to the Bishop-house of Kaer Efrauc belonged daifr and brynaich* (p. 230).

3349–50. **chasçat : repairait** The rime *a : ai* is highly improbable in the thirteenth century, so some other explanation of its apparent presence here must be sought. The scribe on occasion seems to have confused *-ait* and *-at* as verb-endings; at 4734 he wrote *nomat* in rime with *esteit* and then inserted the *i*, at 3377 (possibly under the influence of *repairait* in 3350) he has *reperaist* in rime with *asemblast* and at 5043 he puts *frait* (<*faire*) in rime with *mandat*. The case here is somewhat different, for it occurs in an account of Severus in Britain very much condensed from that in the *Historia*, so much so that the possibility of an omission cannot be excluded. Geoffrey refers to repeated attacks and incursions by Fulgenius and to this *soventefez* in 3350 seems to allude, so that we should expect some details. It could be that the author wrote *repaira* (as a future) to introduce such information and that following lines dropped out leaving *repaira* hanging in the air; the scribe would then have supplied the tense-ending which seemed necessary. The ending is the analogical one and this is, curiously, also the case in 4734. In view of this uncertainty I have left the rime unaltered. Cf. note to 589–92.

3354–6, 4191–6. These two passages may conveniently be discussed together as they are based on the same conception of the Roman defence system in northern Britain. Historically the Romans had two lines: a wall of turf between Forth and Clyde, constructed *c.* 142 and apparently not long kept in being, and a wall of stone, roughly parallel to which runs a vallum, between Tyne and Solway, constructed *c.* 125 and maintained until the final departure of the legions from Britain. In his note to Bede I, 5 Plummer printed a communication from F. J. Haverfield from which I take what is relevant to our passages. The building of the wall had by the end of the fourth century been credited to Severus and this account finds its way into Nennius: *Severus ... murum et aggerem a mari usque ad mare ... deduxit* (c. 23); Bede only credits him with the vallum: *Itaque Seuerus magnam fossam firmissimumque uallum ... a mari ad mare duxit* (I, 5); he seems to have been affected by another misconception, found already in Gildas, that the wall was only built after the troubles following the death of Carausius. Geoffrey of Monmouth only has the vallum built by Severus (V, 2) and our author follows him (3354–6). Bede later tells us that the Romans before their final departure *murum a mari ad mare ...*, *ubi et Seuerus quondam uallum fecerat, firmo de lapide conlocarunt* (I, 12); Geoffrey of Monmouth says the Romans sent one legion which *iussit construere murum* . . . *a mari ad mare* (VI, 1); our author follows him, but adds, in agreement with Bede, that the wall *fust dresce Trestut cum veit le fosse Ke jadis fist Severus* (4193-5). Nevertheless I think he found the reference in the copy of the *Historia* he was using and did not take it direct from Bede. At the corresponding point in its narrative the Welsh has a curious mistake: as in the *Historia* the Britons appealed for help and *they obtained a legion of armed men with Sefervys as prince over them* (p. 354). Severus had, of course, long been dead, but a phrase derived from that in Bede would explain the addition in our text and, being misinterpreted, could give rise to the mistake in the Welsh; there are, as we have seen, points of contact between our text and the Welsh; the two are, however, independent and the conclusion seems warranted that both go back, ultimately, to a copy of the *Historia* in which this addition had already been made.

3505. In the preceding lines it is the Britons who are acting; now, as the context shows, it is the Romans. If we assume that the author intended to make this clear, a possible reading would be: *Cum Romeins nel poent defendre*; if on the other hand we suppose he was content to leave the situation vague, then at least the insertion of *se* is required.

3604. See note on 987.

3606. As it stands we have overlap of the adverbial phrase; it may be that *e* is a scribal addition and that the author intended *de jurn en jurn* to go with *embarnir*.

3760. MS. **siuie**   This appears to represent the succession of minims in the word, but the text gives no guidance to their interpretation (*sive* or *suie*), so I have made no change.

3802. MS. **cels altres terres**   The demonstrative adjective should be in the feminine, so in view of *ices* in 3805 I have corrected to *ces*.

4000. I think the author had in mind an antithesis to *les homes males* and so kept the adjective in the masculine instead of using the feminine which would strictly be required.

4053. MS. **ad preste**   Though this is not meaningless, I think it more probable that the author used a verb, not the phrase, and have amended to *apreste*. Cf. 4051 and, for tense, 4055.

4060. 'Whose son Maurice was'; I take *ki* to be dative indicating possession.

4065-108. Up to the embarkation of the British maidens destined to be brides for Conan and his army our author has followed the *Historia*, but now he diverges and gives his own version. Instead of many ships being sunk in the storm and others wrecked on islands where their occupants fall into the hands of two robber-kings and are killed or enslaved, with no mention of Ursula's fate nor of Cologne, our author has the sixty thousand maidens of low degree conveniently drowned in the storm and the eleven thousand driven to Germany where they arrive at Cologne (already in Wace) and, after giving information about the depleted state of Britain and refusing marriage, they are all beheaded. Our author's insistence on the vows of virginity taken by most of the survivors shows that in addition to the *Historia* some form of the legend of St. Ursula has been used, though we cannot tell whether he found the added matter already in his copy of the *Historia* or added it himself.

4149–52. The only detail our author supplies about the death of Maximian is that he was killed *par les amis dan Gratien*, but who is this person? To attempt an answer we must go back to the departure of Maximian from Britain. In the *Historia* Maximianus, as he is there called, defeated the two brothers, Gratian and Valentinian, and *uno interempto alterum ex Roma fugauit* (V, 14), but we are not told the name of the survivor. Our author is quite definite, though mistaken: *Valentins i fust occis E Gracien eschape vis* (4029–30); he may have been led to form this opinion by the slightly ambiguous later reference to Gratian in the *Historia* where we are told that the two pirates, Wanius and Melga, *iussu Graciani naciones maritimorum & Germanie dira clade opprimebant* (V, 16), though it is curious that our author calls them *ami Valentinien* (4092). Then he read that Maximianus *misit Gracianum municepem cum duabus legionibus* (V, 16) to help the Britons, which he thus translates:

> Dan Gracien donc apelat,
> Un chevaler qu'il mult amat,
> Deus legions si lui baillat,
> En Bretaigne l'enveiat   (4137–40).

I would suggest that this is the person he has in mind when he renders Geoffrey's *ab amicis Graciani* by *par les amis dan Gratien* and so that he has in some measure confused the emperor and the usurper.

4155–6. As it stands the couplet is not clear; *ne* in the first line is obviously wrong and unless *ki* is the generalizing relative the verbs should be in the plural. The *Historia* continues after the death of Maximianus with: *Qui euadere potuerant uenerunt ad conciues suos Armoricam que iam altera Britannia uocabatur* (V, 16); our author is following closely (cf. *En l'autre Bretaigne*), so we are justified in taking *ki* as generalizing and substituting *en* for *ne*; even so the end of the second line is awkward unless we take *entrer* to be a substantive.

4191–6. See note on 3354–6.

4224. **provigner** Strictly speaking this verb is a technical term ('to layer') used in viticulture and cannot have *gardins* as object, but the author is probably carrying on *guaigner* from the previous line in his mind. Cf. 3989–90.

4255–8. The *Historia* reads: *Set facilius est accipitrem ex miluo fieri quam rustico subitum eruditem* (VI, 3); this our author interprets by means of a proverb (*si cum dient la gent*) which is found in shorter form in Chardri, *Petit Plet: Car d'escufle u de busart Bon ostur avrez vus mut tart* 837–8 and in the *Roman de la Rose* (ed. F. Lecoy, C.F.M.A., Paris, 1965): *l'en ne peut fere esprevier en nule guise de buisart* 3684–5. Cf. Morawski (*o.c.*), Nos. 96, 965, 1514.

4274. **leisent**   Strictly the verb should be in the singular, but as *vilein* stands for a class, not an individual, the plural can be defended.

4295. **paen**   This must be wrong, for it was the Britons who appealed to Rome for help. The manuscript reading may be a dittography from 4293, but, as we cannot know what word the author used, I have made no correction, though the substitution of *Bretun* would give the required sense.

4356. **de**   This is an unlikely use of the preposition; we should expect *a*.

4390. In the *Historia* the coronation takes place at *Silcestria* (VI, 5) which Wace renders by *Cilcestre* (6437); the Harlech MS. used by Griscom gives *Cerestria* and three manuscripts of the *Brut* have *Cirecestre,* so the confusion may have been already in the manuscript of the *Historia* used by our author.

4397. MS. **Aurelien**   This form requires *-ien* : *-un* which is hardly admissible. On the other hand variation in the form of a personal name is not uncommon in our text (cf. 2042*n*), so I have emended.

4522. **feit**   I take this to be the p.p., the auxiliary being understood from the previous line.

4551–2. The rime is inadmissible; though it is uncertain what the author would have written, replacement of *feseit* by *feist* may be suggested.

4603. The author may have written *esgardat.* Cf. 4759.

4721–6. Our author's description of the site is closer to Geoffrey's *saxosum locum* (VI, 11) than is Wace's *un grant tertre* (6915), but he omits the etymological information given in the *Historia*. The name 'Thong-caster' was used in the Middle Ages, but no longer survives as such.

4803–6. The author follows the *Historia* in placing the mission before the deposition of Vortigern, but there are some curious differences in his account. It is only Germanus who is called saint and bishop by Geoffrey, whereas in our text Germanus is a saint and Lupus a bishop. This has no great significance, as both were well known; hence in Wace both are saints and *Evesque furent buen andui* (7144). The *Londetrains* of 4806 must be a corruption of **Lou de Treies*; in the margin he is called *Loudetrieis* and it may be that a wrong form in his source was further altered by our author to provide a rime. Much stranger is the presence of a third missioner, unknown to the *Historia* and also to Bede and Nennius: *Ço fust seint Romain.* It can hardly be the later bishop of Rochester who is intended in view of Wace's statement:

> Vint en Bretaine sainz Germainz,
> Si l'i enveia sainz Romainz,
> Ki de l'apostolieté
> De Rome aveit la poesté   (7139–42).

Yet the partial agreement of Wace and our author (who are independent translators) shows that neither is the originator of the addition. It looks as though a phrase indicating that the two saints were sent from Rome had been incorporated in the text of the *Historia* at some stage and had in it some form of *romanus* as adjective which was subsequently mis-interpreted.

4828. Cosa Two problems arise here: the form of the name and the identity of the person. The name derives, by the not uncommon con-fusion of initial *E* and *C*, from O.E. *Eosa*; there is another example of the same confusion later in our text—the name of the poisoner of Uther (5869). At the corresponding point in the *Historia* we are told that Hengest suggests he send for *filium meum Octam cum fratuele suo Ebissa* (VI, 13), but later Octa is accompanied by Eosa (VIII, 6); Wace follows Geoffrey in having both names (Ebissa 7042, Eosa 8416), though at 8416 a group of four manuscripts substitute *Ebissa* for *Eosa*. Our text and the Welsh agree in giving names derived from *Octa* and *Eosa* throughout, but differ in another respect: our text apparently makes *Cosa* brother to *Octa* (4827, 5546), the Welsh makes its *Assaf* (p. 372) uncle to him; it looks as if a misunderstanding or misreading of *fratuele* lies behind both mistakes.

4857. devem Though this is the manuscript form, it raises doubts. Tanquerey (*o.c.*, p. 195) states that apart from instances in the *Oxford Psalter* this ending is unknown to literary Anglo-Norman, and Miss Pope (*o.c.*) is only able to cite the same text, pointing out (§ 1266) that the ending is there restricted to the subj. pr. On the other hand this ending becomes rather frequent towards the end of the thirteenth century (Tanquerey, *o.c.*, p. 197). In view of this state of affairs I hesitate to ascribe our form to the author, but refrain from making any change.

4935–41. Such long successions of rimes are not uncommon in later A.-N. poems and our author is not averse to them; here the result is an odd number of rimes, but nothing in the context suggests an omission, so I have not assumed one.

4984. amenerum In view of other occurrences of the future of *amener* (*e.g.* 5233) it is very probable that the author used the contracted form here.

4999. lues As Stonehenge is only a couple of miles from Amesbury, the distance given by our author is much exaggerated if we take *lue* as 'league', but becomes more reasonable if we accept its other value 'mile', which is already found in Gaimar (3412*n*). Neither Geoffrey nor Wace specifies any distance; they content themselves with general indications: *in pago Ambrii* or, in the Harlech MS. collated by Griscom, *iuxta cenobium Ambrii* (VI, 15), followed by Wace: *Lez l'abeie d'Ambresbire* (7228).

5048. sis If this is due to the author, there is an omission, for no previous mention of messengers has been made. The scribe could have written *sis* instead of *si*, but in view of the uncertainty I have not attempted to correct the line.

5078. curucé The word does not seem appropriate to the context and Professor Reid suggests the author possibly used *acursé* or some similar term. The idea of speed appears to be required here, and if we could assume a spelling *curcé* in the exemplar, then the mistake would be parallel to that of *curuz* for *curz* in Garnier's *St. Thomas* (ed. Walberg,

Lund, 1922; see note to 1754). On the other hand the *Historia* says the messengers arrived at Carmarthen *fatigati itinere* (VI, 17), and by taking *tut curucé* with the verb in the following line the phrase could possibly be kept as expressing their vexation at the lack of success in their mission.

5186. 'They were all ears.'

5208–13. In the *Historia*, followed by Wace, the draining of the pool will reveal two hollow stones in which sleep two dragons. Our author has the stones, but they serve no useful purpose; the Durham fragment likewise has two useless stones, but its dragons are *en une cave* (Arnold, *Brut* II, p. 785); the Welsh has no stones, but instead a stone chest and *in that chest are two dragons sleeping* (p. 383). Have we three independent variations?

5216–19. There is no mention of the actual draining of the pool nor of the fight between the dragons which provides the motive for Merlin's prophesying. Has the scribe mistakenly omitted a passage or did the author leave out the fight because he did not intend embarking on the prophecies?

5244–7. Though the author refers to the coming of Aurelius and Uther, he says nothing about their fates nor about the coming of Arthur. Is this a deliberate omission on his part?

5284. **Doard**   The scribe appears to have started with *cl* and then corrected to *d*; T. A. J. Burnett, Esq. of the British Museum, kindly examined the manuscript at this point for me and writes 'the word has of course been corrected by the scribe, but I think his final intention was *doard*'. The confusion of *cl* and *d* is not uncommon and has already occurred in our text (cf. 1483*n*). In the *Historia* the name appears as *Cloartius* (VIII, 2) and all but two of the Wace MSS. follow with a form having initial *cl* (7607); one of the two exceptions is the manuscript taken as the base of his edition by Arnold who points out in his note (II, 805) that it had already been suggested that the allusion was to the Little Doward in Herefordshire and Tatlock, in his *Legendary History of Britain* (Berkeley and Los Angeles, 1950), accepting this, advanced the view that the confusion of form was not due to Geoffrey, but had crept in at an early stage in the manuscript tradition of the *Historia*.

5289. The line as it stands is not clear; the author appears to be saying that Wales took its name from the river, but as this is uncertain, I have not attempted a correction.

5320–3. This passage is due to a misunderstanding of the *Historia*. There (VIII, 3) Geoffrey explains why Hengest withdraws north of the Humber—*patria illa semper eis patuerat*—and goes on to say that because of its nature and lack of population it had always afforded a suitable landing-place to invaders—*Pictis, Scotis, Dacis, Norguengensibus*. Our author has turned these into contemporaries of Hengest and rendered the fourth name by *Norhumbreis* (5323), possibly because he was not familiar with the Latin version of 'Norwegian' in his source.

5343. The *Historia* gives *Maisbeli* (VIII, 4) as the site of the battle; our author seems to have prefixed *Kair* on his own initiative.

5364–5. In the *Historia* Aurelius *Demetos in collibus, Venedotos in prope positis nemoribus locauit* (VIII, 4), but here the dispositions are interchanged; it is curious that the author, having translated *Demetia* correctly at 5107, now makes a mistake.

5378. **encontrai** The context shows that the verb is in the future, but whether the contracted form, not entirely unknown in Anglo-Norman, is due to the author or whether there has been scribal omission of *re* cannot be decided.

5417. There is something wrong here, as the line does not connect with what precedes. The *Historia* reads: *Insequitur eum Aurelius & quoscumque in itinere reperiebat uel in interitum uel in seruitutem compellebat* (VIII, 5); the first clause is rendered by 5416; the alternative fates are given by 5418–19; 5417, then, is meant to render the *quoscumque* clause, but there may be an omission and our line could be emended in more than one way; as choice would be arbitrary, I have refrained.

5446–79. Geoffrey of Monmouth gives a rhetorical account of the combat between Eldolf and Hengist, but apart from the final capture *per nasale cassidis* (VIII, 6) enters into no details nor does he make explicit the conditions of the fight; apparently both contestants are on foot, and Wace seems to share this view. Our author enlivens his description and for one detail goes back to an earlier single combat: just as Caesar had struck at Nennius' shield with such force *ke pé e demi l'ad purfendu* (2338), so now Eldolf splits Hengist's shield *pé e demi* (5463). But now a new factor is introduced, for our author distinguishes between *cil a pé e cil a cheval* (5467), but omits to say who was which; if he thought Eldolf was with the cavalry force which turned the fortunes of the day, then it was the Briton who was on horseback. In a much later version we are told that Hengist was mounted, for Jehan de Waurin (ed. W. Hardy, Rolls Series, London, 1864) relates how:

le duc Eldol . . . s'advança tantost et prinst Englist parmi le museliere de heaulme, et en y employant toute sa force, le getta hors des archons en my la bataille (I, iii, i).

The capture *par le nasel* became traditional in this scene; although perfectly feasible with the conical helmets with nose-piece of the late eleventh century, the feat became more difficult with the later helmets; however the method appealed to the imagination of authors who went on using it long after the original type of helmet had gone out of use, though occasionally, like Waurin, they describe the current one.

5470. **Guerreheis** A puzzling substitution. In the *Historia* it is Gorlois who arrives so opportunely; he appears again in Uther's final victory and as the husband of Ygerne in Uther's love affair. In each capacity it is Guerreheis who figures in our text and the threefold occurrence of the name in rime shows that the ending at least was acceptable to our author. In some way the name has come under the influence of the later Arthurian romances where Guerrehés is brother to Gawain, but it is unlikely that the two personages are to be identified, for our Guerre-heis is a mature warrior long before Gawain's uncle had been conceived. Curiously Wace only names Gorlois in the two battle scenes, so when our scribe turned to Wace to complete his text he would not be faced by a contradiction in the names.

5519. **Gloucestre** There never was a mediaeval see of Gloucester and for earlier times it is a creation by Geoffrey of Monmouth designed to flatter his patron, Robert of Gloucester; Wace may have sensed the in-accuracy, for he does not name the see over which Eldad presides.

5621. According to the *Historia* the three hundred monks were contemporaries of Aurelius; our author has transferred them to the time of the eponymous founder, Ambre.

5626–9. Though the general sense is clear, the construction is awkward and has apparently resulted from the crossing of two ideas—the king saw the martyred knights and the king came to the place where they were interred.

5630. **martirement** Our author's usual expression is *aveir grant marrement* (cf. 142); here *marrement* may have been miscopied by the scribe under the influence of *martire* in the preceding line.

5642. MS. **fussent** The verb must be in the singular to agree with its subject *chose*; the scribe may have been influenced by *pusent* in 5641.

5665. **Galeis** It was *ad fontes Galabes* (VIII, 10) that Merlin was found, but the Harlech MS. of the *Historia* reads *ad fontem Galaes*; it seems probable that some such reading was in the exemplar used by our author.

5672–4. As it stands in the manuscript the passage does not cohere. If we keep *E* at the beginning of 5673, then something must have been omitted, but there is no indication in the *Historia* that Aurelius sought anything other than knowledge of the future; if we leave out the *E*, the sense will be improved. In 5674 we expect a verb in the singular and that is possibly what the author wrote. Cf. Intro., p. xxxiv.

5700–1. There is something wrong here. Aurelius had just burst out laughing at Merlin's suggestion and 5700 seems to be continuing this line of thought. It is, however, Merlin who says the suggestion is made seriously and goes on to describe the virtues of the stones.

5749. In the *Historia* the Britons *adierunt Killeraum montem* (VIII, 12); our author appears to have kept the accusative ending and allowed the Irish king's name to influence his rendering of the first syllable.

5803. **Warewic** There was no see at Warwick. There has been graphic confusion with *Everwic* (= York), facilitated by misdivision after *de*. In view of our author's northern connection I should hesitate to ascribe the error to him.

5869. MS. **Copa** In the *Historia* the poisoner's name is *Eopa*. We have here a further instance of confusion of *E* and *C* in O.E. names (cf. 4828*n*), but in view of 5876 and 5890, which suggest the mistake is here due to the scribe, I have emended.

5885. A noun is required after *plusurs*; in view of the *omni dogmate eruditum* of the *Historia* (VIII, 14) I would suggest supplying *arz*.

5959. The rime, which is incorrect, makes me wonder whether the author wrote *a mirabille*, which Gaimar had already used—*Cele fud belle a mirabille* 1282.

5961. **seit** The overlap rather disguises the fact that the line begins with the numeral and this refers to the *seit petiz rais* of 5929.

6039. MS. **apelee** The participle should be masculine, but the scribe may have confused *a cel eé* in the previous line with *a celee* and been led to provide an eye-rime.

6039–45. The name *Diamned* is closer to the *Danned* of the Welsh than to the *Damen* of the *Historia*. Professor Kenneth Jackson kindly tells me that both *Diamned* and *Damen* are meaningless, but that *Danned* is the same as Mid. Welsh *danned* 'tooth'. *Windegates* is quite definitely a local name. Professor J. C. Maxwell informs me that it is 'the peak (2034 ft.) on what is marked as "Windy Gyle" (grid ref. 857151)'. What led our author to make the identification we do not know. The rocks and hazel-thicket come from the *Historia* (VIII, 18) which duplicates the description of an earlier battle (IV, 9; 2784–8).

6059. 'There would be no reason to delay.'

6063. **aprestez** There seems to have been some alteration in the word; the scribe, I think, started to write *aparell . . .* and then changed his mind.

6177, 6179. **od tute s'ost** Is this a deliberate repetition by the author or a dittography by the scribe?

6226. MS. **Guerilacheis** The name is badly distorted. Was there by any chance a hole in his exemplar through which the scribe mistakenly copied *-lac-*?

6233. MS. **qᵃrarte** As it stands the reading is meaningless, but should evidently indicate a time of day. It is possible that *quarte* is the word the scribe had before him and I have introduced it into the text to give some meaning to the line. Nevertheless a problem still remains: at what time of day did our author make Uther arrive at Tintagel? In the *Historia* the king and his two companions *in crepusculo ad oppidum uenerunt* (VIII, 19) which is suitable in view of the sequel, but *quarte* must be not too long after tierce and so in the morning.

P

GLOSSARY

The glossary is selective, but line-references are complete unless otherwise indicated. Nouns are normally listed under the oblique sg. and adjectives under the oblique m. sg.; verbs are listed under the infinitive, save occasionally where only one form occurs or one form is of interest; where no reference follows the infinitive, but only a semi-colon, that form does not actually appear in the text. Common orthographical variants (e.g. *ai-ei-e, o-u, sc-ss*) are not noticed; the trema is used occasionally for clarity in the glossary, though not in the text. The letter *n* after a line-reference calls attention to a note.

abatre 648, 1814, *v.a.* strike down 232, 648, 4277; demolish, destroy 775, 3400, 5459, 6160, 6161; take down 1814, 5755
abevrer; *v.a.* give drink to 4745
abstiner 4212, *v.n.* abstain
acemer 2532, *v.a.* prepare 2250
acener; *v.a.* sign, signal to 204
acharrer 5699, *v.a.* cart, transport
acointer; *v.refl.* become aware of 1771; become friendly with 3373
aconsivre; *v.a.* strike 751
acosteier; *v.a.* coast along 662
acravanter 3500, *v.a.* overthrow 5039, 5482
acurre; *v.n.* come running up 999
aemplir 1006, 1706, *v.a.* complete, fulfil
afaité *adj.(p.p.)* well-bred, well-trained 1654, 3723, 3763 *etc.*
afaiter 2915, *v.a.* reconcile 2849, 2860, 2887, 3222; *v.n. and refl.* become reconciled 2450, 2815, 2897, *etc.*
afebleié *adj.(p.p.)* weakened 2362
agenuler; *v.refl.* kneel 4754
agu *adj.* sharp 420; pointed 836
aguait *s.* ambush 1789
aguaiter; *v.a.* lie in wait for 3702
aïr *s.* fury 5454
ajuster 2531, *v.a.* assemble 908, 912, 1163, *etc.*; include 4510; *v.n. and refl.* join 1652, 2768, 3049, *etc.*
alosé *adj.(p.p.)* famous, renowned 3370, 3748
aluer 5806, *v.a.* arrange 5594, 5692
ambe *adj.* both 250, 733, 831 *etc.*
amembré *adj.(p.p.)*; **tut a.** prudently 4607
amonester; *v.a.* admonish 190, 222, 742, 3637, 5445
ampoille *s.* flask, phial 5894
aneire *adv.* straightway 5118
anguissus *adj.* anxious 3086, 4583, 6162, 6212

anz *s.(pl.)* annals 2136
apostoile *s.* pope 3292, 3297, 3324
aprester 295, 523, 1495 *etc.*, *v.a.* make ready 293, 523, 1495 *etc.*; *v.refl.* get ready 2596, 3023, 5358
aprismer; *v.a.* approach 4586
aprof *prep.* after 1764, 1959, 2671, 3726
aquiter; *v.a.* set free 2910
archiflame *s.* archflamen 3310, 3312
ardeir 1867, 1953; *ind.pr.3* **ard** 6161; *p.p.* **ars** 5307, 5313, 5329; *v.a.* burn 776, 3399, 5231 *etc.*
asazé, -sz- *adj.(p.p.)* wealthy 553; satiated 3415
ascer *s.* steel 2333, 2339
asceré *adj.(p.p.)* steel-shod 2486, 2487
aseeir; *ind.pr.6* **aseent** 491; *pret.6* **asistrent** 4882; *p.p.* **asis** 301, 863, 1738 *etc.*; *v.a.* besiege 301, 863, 3019 *etc.*; fix, set 1738, 1870, 5694; seat 491; *p.p.* situated 5288, 6168
atemprer 1198, *v.a.* temper 1193; construct 1198; *p.p.* temperate 1873
atrait *s.* heap of material 5303
aturner; *v.a.* fit out 544, 1380, 1385, 3861, 3870; equip 4590; make ready 5385; *v.refl.* make arrangements 1665
aünee *s.* assembly 157, 549
aüner; *v.a.* assemble 1100
avancer; *v.a.* get ahead of 1772
aventi *s.* stranger 825
averer; *v.a.* inform 1897
aviruner; *v.a.* go round 581, 4182; surround 2105, 4708, 6096
avisunches, -nk- *adv.* scarcely 785, 2564

bailler 4489, *v.a.* entrust, give charge of 3819, 4139, 4367; give 4489, 4543, 5586, 6006
baillir; *v.a.* rule, govern 2830; **estre mal bailliz** be in a bad way 6188

bald *adj.* joyful 4004
ban *s.?* band, troop 195 *n*
bandun *s.*; **tut a b.** with urgency 4191; freely 4239
banie *s.* proclamation 2437, 4841
barnage *s.* strength, forces 319; valour 1722
barné *s.* company, body of men 2269, 3161
berser 43, 2010, *v.a.* hunt (with bow) 1966
blancheier 2153, *v.n.* gleam white
bof; (*pl.*) **boifs, bous** *s.* ox 188, 2589, 4330
boie *s.* fetter 361
boürder 2597, *v.n.* joust. Cf. **buhurdir**
bretanz *s.* British (language) 3516
bruser; *v.a.* break, break down 123, 3097
buhurdir 4506, *v.n.* joust. Cf. **boürder**
burs *s.*(*pl.*) (walled) town 776, 3399, 5591, 6161
busard *s.* buzzard 4257
busson *s.* bush 385

carnel *adj.* intimate 3586
casement *s.* fief, domain 462, 1910, 4782
caser; *v.a.* give domain to 1514, 3993
casien *s.* ruler 1040 *n*
chaeir; *ind.pr.6* **cheent** 2307, 5401; *p.p.* **chaeit** 1326, 2972, 4285, 4322; *v.n.* fall 244, 2706
chalanger 2880, 3948, 4581, *v.a.* challenge 998, 1551
champaigne *s.* field 2318
chanu *s.* old man 465
chasce *s.* driving out 1698
chastelein *s.* castellan 106; occupant of castle 425 *n*
chaupas *adv.* promptly 2329
chave *adj.* hollow 5211
ciclatun *s.* silken dress 4751
citein *s.* citizen 4215, 4324, 5599
claré *s.* spiced wine 4753
clore; *p.p.* **clos;** *v.a.* enclose 1182; surround 6202
coardie *s.* cowardice 2552
coiement, -oim- *adv.* quietly 396, 406, 1774
cointe *adj.* clever 5187
coldun *s.* hazel-thicket 2788. Cf. **coudrei** and see note to 2784–8
colee *s.* blow 212, 249, 2630
comander 297, 2873, *v.a.* command 70, 297, 454 *etc.*; commend 4064, 5539; entrust 2121, 4011, 4288; *v.refl.* commend oneself 958, 5388
compainz *s.*(*n.s.*) companion 262
consiut 223, **consuit** 3032, *ind.pr.3*; **consut** 2349 *pret.3* of **consivre** *v.a.* overtake
conte *s.* consul 1725 *n*, 181

contenement *s.* behaviour 680, 899
contenir 4203, *v.refl.* behave 3835
contrarier 5091, *v.a.* thwart
contreester, -res- 213, 743, 1732 *etc.*, *v.n.* resist, withstand
coreie *s.* thong 4720, 4725
corumpu *p.p.* of **corumpre** *v.a.* corrupt 4808
coudrei *s.* hazel-thicket 6042. Cf. **coldun**
craindre; *impf.3* **cremeit** 2651; *p.p.* **cremu** 2246, 3196, 3522 *etc.*; *v.a.* fear
crïer; *v.a.* create 4749
cros *s.*(*pl.*) hook 4275
culvert *s.* slave 145
culverté *s.* wickedness 3616
culvertir 148, 2193, *v.a.* enslave
curius *adj.* worried, full of care 4584, 6213

danter; *v.a.* overcome 6097
dart *s.* (throwing) spear 180, 832, 1597, 1786, 5397; arrow 710
debatee *s.* strife 32
declin *s.*; **turner a d.** be defeated 758
dedesur *prep.* upon 589
dedevant *prep.* before 754
deduire 2010, *v.refl.* disport oneself 2011, 5131
deduit *s.* sport, pleasure 570, 697, 1383, 2384
defense *s.* prohibited area 694
defrait *adj.*(*p.p.*) decrepit 1912
deguerpir; *v.a.* abandon 1137, 4864
dejuste *prep.* near, beside 3703
delez *prep.* by the side of 5137
deliverat *fut.3* of **delivrer** *v.a.* set free 323, 330, 2454
demander 325, 1951, *v.a.* summon, send for 277, 490, 2273 *etc.*
demeintenant *adv.* immediately 230, 712, 2555
demene *adj.* own 1230
demorai *fut.1* of **demorer** *v.n.* stay, wait 878
departir 2276, *v.refl.* disengage
depescer 364, *v.a.* break to pieces 1010, 1018, 1077 *etc.*
deporter 5667, *v.a.* refresh
dereisner *see* **desreigner**
desconcendre; *v.a.* shatter 2328
descovenue *s.* misfortune 1092
desfaé *s.*(*p.p.*) faithless person 1133
desguarnir; *v.a.* take by surprise 182
desheriter, -ser- 1696, 1997, 2131, 2683, *v.a.* disinherit, dispossess 1434, 1450, 1908 *n*, 2054 *etc.*
desporter 2693, *v.n.* sport, disport

despurvuement *adv.* unexpectedly 1543, 3053, 3351
desrei *s.* disarray, disorder 240, 257, 706; outrage 4533; **tut a d.** in haste 2636; **a grant d.** impetuously 746, 6085
desreigner, dereisn- 5167, *v.a.* expound 5570
destreit *s.* difficult position 168; defile 169
detrencher 750, 3451, 4550, *v.a.* slaughter 388, 404, 422
detrés *adv.* 2523 *n* behind
deuesse *s.* goddess 588, 600, 601, 4635
devëer; *p.p.* deveï 4700; *v.a.* forbid 6180
deveir; *ind.pr.4* devem 4857 *n*; *pret.6* dourent 296; *subj.imp.3* doust 3296; *v.n.* be to, ought 132, 170, 298 *etc.*
devïer; *v.n.* pass away 1031, 1455, 1927 *etc.*
diversement *adv.* in different directions 3183, 5925
doinst *subj.pr.3* of duner *v.a.* give 481
dounëer; *v.a.* court, woo 5138
drincheil *s.* pledge (in drinking) 4766
dru *s.* close companion 162, 892
ducage *s.* dukedom 1659
dungent *subj.pr.6* of duner *v.a.* give 1734

eé *s.* time 6038
eglise *s.* temple (heathen) 599, 1361
eissue *s.* exit 6180
eliescer *see* eslezeer
embarnir 3606, *v.n.* become strong
emperie *s.* imperium 3012
emprés, -en- *adv.* afterwards 1133, 1411, 1805; *prep.* after 1031, 1183, 1187 *etc.*
empur, -en- *prep.* because of 568, 2002, 2466 *etc.*; in order to 1098, 3408, 4450 *etc.*; **e. ico**, on this account 1697, 3207, 4162 *etc.*; **e. iço que**, because 4701
empusuner; *v.a.* poison 4910, 4913, 4915
enbatre; *v.refl.* force one's way 412, 746
enbracer; *v.a.* fit (shield) on arm 745, 2607
enbroncher; *v.refl.* lie in wait 1775 *n*
enbuschement *s.* ambush 1779
enbuscher; *v.n. and refl.* lie in wait 169, 2759, 3704, 5353
encassé *p.p.* of encasser *v.a.* pursue 857
enchaz *s.* pursuit 288, 925
encumberrunt *fut.6* of encumbrer *v.a.* harass, impede 2495
encuru *p.p.* of encure *v.a.* forfeit 1749
endoctriné *adj.(p.p.)* instructed 3596
enfuïr; *v.a.* bury 5994
enginner 5640, *v.a.* contrive 322, 5640, 5656; outwit 2043, 3042, 6053
enginus *adj.* tricky 3366

enluminer; *v.a.* render illustrious 3538
enoint *p.p.* of enoindre *v.a.* anoint 5260
enprof *adv.* afterwards 1988; *prep.* after 2059, 2945
enselé *adj.(p.p.)* sealed 3390
ensevelir 445, 2123, 5514, *v.a.* bury 1034, 1035, 1111 *etc.*; shroud 5991
entaillur *s.* graver, sculptor 5637
entreafaiter; *v.refl.* become reconciled 3124
entreajuster; *v.refl.* join each other 1713
entrealïer; *v.refl.* become allies 653; join together 906, 1167
entreasambler; *v.refl.* join together 3123
entreaseürer; *v.refl.* pledge each other 349
entredire; *v.refl.* say to each other 5085
entreguerreier; *v.refl.* wage war on each other 1467
entremeller; *v.n. and refl.* come to blows 911; *p.p.* torn with war 1474
entresque *prep.* as far as 1721
entretraire; *v.n.* shoot (with bow) 1553
entrevëeir; *v.refl.* see each other 3826, 5970
envaïe *s.* attack 427
envaïement *s.* attack 308, 737, 894, 3030, 5007
envaïr 2829, *v.a.* attack
envire *s.* envy 4908
erite *s.* evil liver 1137
esbaldir, -baud- 3057, 5475, *v.a.* en courage 3057; *v.refl.* be heartened 2578, 2773, 5475; *p.p.* esbaldi emboldened 2364, 3689, 3969 *etc.*
escerveler; *v.a.* brain 714
escharn *s.* mockery 5678
escharnir 1304, *v.a.* mock 1744, 2402, 3069 *etc.*
eschelgaiter, -uait-, -wait- 3482, *v.a.* keep watch over 896, 6082
eschermie *s.* fencing (sport) 2603, 2621
eschermir; *v.n.* fence 2695
eschorcher 1952, *v.a.* flay
eschüer; *v.a.* avoid 5241
escru *p.p.* of escreistre *v.n.* befall 932
esguart *s.* decision 3517
esiler; *v.a.* take to a strange land 55
eslezeer, -lezi-, eliesc-; *v.n. and refl.* delight, rejoice 1231, 2405, 6116
esnaier 1617, *v.a.* clear, cleanse 3307
esparpeillé *adj.(p.p.)* in loose order 175
espermenter 28, *v.a.* prove
espessement *adv.* repeatedly 305, 307, 737 *etc.*
esponter 4940, *v.a.* frighten 919, 4968, 5311, 5930, 6087
espucher; *v.a.* empty, drain 5208
essoigne *s.* excuse 2248

estornir; *v.a.* rouse suddenly 903
estoveir; *ind.pr.3* estoet 1258, estoit 2780,
estot 334, 2895, estuit 184, estut 1293,
3841, 4449; *subj.pr.3* estocet 2166;
impf.3 estuveit 1983; *pret.3* estout
4918, estut 88, 256, 1062 *etc.*; *v.imp.* be
necessary
estre[1] *prep.* besides 112, 1611, 2566, 5009;
against 3906
estre[2] *subst.inf.* state, condition, situation
311, 1358, 1898 *etc.*
estur *s.* battle 208, 217, 845 *etc.*; attack,
storm 861

faille *s.* lack of support 3908, 5867
faimes *imper.4* of faire *v.a.* make 4533,
4536
faiture *s.* form 5691, 6123
falde *s.* sheepfold 5023
faldestol *s.* chair of state 492
fëeil, -el, fael *adj.* faithful 2229; *s.* friend
374, 884, 3652, 3759, 4757
feindre; *pret.3* feinst 2031; *v.refl.* feign,
pretend 5881
felunessement *adv.* feloniously, treacher-
ously 4911, 4964, 5380
ferin *adj.* savage 5950
fermeté *s.* stronghold 789, 1332, 1532 *etc.*
fesance, fai- *s.* action 1529, 3684, 3912,
4738, 5065, 5639
festivalment *adv.* festally 5792
fiu *s.* fief 469
flame *s.* flamen 3309, 3311
forfaire; *subj.pr.5* forfacez 399; *pret.1*
forfis 2675, 2686, 2863; *pret.4* for-
feïmes 3894; *v.n.* do harm, act wrong-
fully 6100
forligné *adj.(p.p.)* degenerate 2163
fortelecce *s.* stronghold 4444
franchie *s.* freedom 4926
freür *s.* fear, terror 3405, 6070
fuïr 5193, 5197, *v.a.* dig
fuison *s.* abundance 3493
furche *s.* gallows 1805

gaast, gaist, guast *adj.* waste 574, 970,
1908
gainer, -ign- 973, 3989, guainer, -ign-
3787, 4223, *v.a.* cultivate 973, 3989,
4223; gain 2628, 3787, 4289, 4525
gareison, -ris- *s.* provisions 4616; remedy
5426
gaster, gua-; *v.a.* devastate, lay waste
4354, 4654, 5329; waste 1968
gastine, gua- *s.* waste land 136, 3403,
5496
geinz *adv.* suddenly 915 *n*, 5942
gelduner *s.* spearman 2254

genuler; *v.refl.* kneel 4768
gens *adv.* indeed 41 *n*
giu, ju *s.* game, sport 2601, 2603, 2694
greier; *v.a.* agree to 3163
greille *s.* trumpet 400, 5395, 5396
grundiller; *v.n.* murmur 4531
grundre 5205, *v.n.* murmur
gualdine *s.* woodland 5497
guenchir; *v.n.* give way 3220
guere *s.* hostility 639, 4086
guerpir 184, 3036, *v.a.* abandon 240, 814,
1078 *etc.*
gunfanun *s.* banner, standard 204
gunphanunier *s.* standard-bearer 3540

hainus *adj.* hateful 4356
hardement *s.* boldness, hardihood 3115,
6074
her *adv.*; l'altre h., the other day 272, 456
herberger 1421, 2376, 4668, 5600, *v.a.*
lodge, shelter 1, 1421, 2747, 4668;
occupy 573, 604, 611 *etc.*; *v.n.* cultivate
5600; take up quarters 113, 2376; *v.refl.*
lodge, shelter 576, 2164, 2270; take up
quarters 2736, 5587; *subst.inf.* lodging
3842
heresie *s.* persecution 3523
honestement *adv.* honourably 1975
hostelé *adj.(p.p.)* encamped 5292
hunir 2882, *v.a.* shame, disgrace 145, 150,
2282 *etc.*

idle[1] (isle 5887) *s.* idol 341, 346, 1253,
2588, 3306
idle[2] *s.* island 3396
ignelement, -elm- *adv.* quickly 243, 412,
595 *etc.*
ignelpas *adv.* straightway 616, 1420
incube *s.* incubus 5153
irascu *p.p.* of iraistre *v.refl.* be angry
1750, 2272, 3340
irus *adj.* wrathful 1933
isle 5887 *see* idle[1]

ja seit iço que *conj.* although 4551
jofne *adj.* young 1216
jovenor *adj.* youngest 1235
ju *see* giu
just *pret.3* of gisir *v.n.* and *refl.* lie 4795,
5127
juste *prep.* beside 991
juster *v.n.* and *refl.* join in battle with
4875; join 5648, 5837
justeür *s.* fighter 218, 4258

laeinz *adv.* inside 3504
laidir 6019, *v.a.* harm, damage
lait *s.* insult 4792

langes *s.(pl.)* woollen clothes 5550
latimer *s.* interpreter 4763
lebart *s.* leopard 5447
lëescer, li-; *v.n. and refl.* delight, rejoice 3325, 4819
leidement *adv.* unpleasantly 178, 1795, 2423
leidure *s.* outrage 4482
lels, leus *adj.(n.pl.)* loyal 104, 2728
lit *p.p.* of lire *v.a.* read 141, 2136, 2721
liu *s.* place 788, 1025, 3087 *etc.* Cf. lui
livereison *s.* allowance, livery 1981
longur *s.* height 996
losenger[1] *s.* flatterer 1525
losenger[2]; *v.a.* deceive by flattery 1241, 1246
lue *s.* mile 4999 *n*
lüer; *v.a.* load, stow 5773
lui *s.* place 4721, 4981, 5352 *etc.* Cf. liu
luisir 1786, *v.n.* shine
luter 986, *v.n.* wrestle 1005

macecrer *s.* butcher 749
maen, maien *see* mëen
mahumerie *s.* temple 3307
maindre 1902, 4080, 5045, 5580; *ind.pr.4* manum 5415, 6040; *ind.pr.6* mainent 529, 5152, 5213; *pret.3* mist 5621; *v.n.* stay, remain, dwell 135, 1066, 1141 *etc.*
male *adj.* adult 3999
manantie *s.* wealth 1150
mance? 1191 *n*
marrement *s.* vexation 142, 306, 3352
marri *adj.(p.p.)* vexed 72, 1436, 1650 *etc.*
martyre *s.* massacre, slaughter 2822, 5617, 5629; ravage 4242
martirement *s.* vexation 5630 *n*
masse *s.* part 3964
massé *adj.(p.p.)* solid 6005
mati *adj.(p.p.)* downcast 5399
medler, mell-; *v.n. and refl.* join battle with 2752, 3430, 3454, 4184, 4387
mëen, ma-, mai- *s.* middle one 1039, 1217, 4397
meindre *s.* younger one 3359
menu *adj.* humble, lowly 274, 1611
menur *s.* youngest one 1213
merir; *v.a.* reward 5798
meschin *s.* youth 4376
meschine *s.* maiden 550, 1070, 1266, 1548, 4107
mester; *v.a.* sadden 2633
mire *s.* physician 5881
mist *see* maindre
moller; *v.a.* loosen up 2614
moniot *s.* monkling 4418, 4496, 4503
moveir; *pret.3* mut 1846, 3280, 6159, must 5544; *p.p.* mëu 383; *v.a.* start

1846, 3280, 6159; *v.n. and refl.* set out 383, 5544, 6230
mucer, -sc-; *v.a. and refl.* hide 3403, 4994
muiller *s.* wife 4039, 4047
mulleré, -lir- *adj.* legitimate, born in wedlock 3718, 3794
mulu *adj.(p.p.)* sharp 180, 1786; ground, powdered 1834
muster *s.* church 5330

nafrer, -fer-; *v.a. and refl.* wound 858, 2346, 2351 *etc.*
nager, naj-; *v.n.* sail 2392, 3396
nasel *s.* nose-piece 5477
neis, nés, nez *s.* nephew 928, 2322, 2616, 2698, 2855, 3732, 3933; descendant 2162, 2605, 2624, 2706
neïs *s.* native 4228
neü *p.p.* of nuire *v.a.* harm 4357
nigromance *s.* magic 1192
nunsavant *adj.* ignorant 4436
nupez *adv.* barefooted 5551

occire, osc- 2652, 5182, 5524, *v.a.* kill 7, 31, 40 *etc.*
ogesurs? 1406 *n*
olifant *s.* horn 414
orfever *s.* goldsmith 6002
orphanité *s.* orphanhood 4217, 4285
os, ous *s.* use, benefit 444, 1487, 3432 *etc.*
ostur *s.* goshawk 4257
otrïer 3777, *v.a.* agree to, grant 489, 1273, 1905 *etc.*
ouxour *see* uxour

paler; *v.a.* stake 2485
palie, paille *s.* brocaded silk 542, 2400
paltuner *s.* rascal 146
pardungez *subj.pr.5* of pardoner *v.a.* lay aside 1690
pardurablement *adv.* for ever 2185, 5643
pardurai *fut.1* of pardoner *v.a.* lay aside 3119
parlance *s.* talk 4545
parsuï *pret.3* of parsivre *v.a.* pursue 3070
pel; *(pl.)* peus, peuz *s.* stake 2486, 2492, 2520, 5023, 5026, 5383
perere *s.* mangonel, stone-thrower 3499
pernant *adj.(pr.p.)* bold, daring 4257
perrei *s.* rocky place 6043
perrus *adj.* rocky 2787, 4721
pescëer; *v.a.* break in pieces 436
pessunet *s.* little fish 1970
pius *adj.* pitiful, compassionate 2004, 2007
pleit *s.* affair, dispute 322, 476, 3583 *etc.*
plenerement *adv.* amply, fully 4487, 6182
plumé *adj.(p.p.)* shod with lead 2488

poant *adj.(pr.p.)* able to do anything 650; dominant 2914; fit 4613; powerful 5558, 5956
poemes *ind.pr.4* of **poeir** *v.n.* be able 364 *n*
pöesté, pou- *s.* power 1030, 4631
pöestif, pois- *adj.* mighty, powerful 12, 15, 117, 1188, 2877; **estre p.** **de** reign over 1024, 3982
poüner *s.* footsoldier 2244, 2259
preiser 2253, 2870, *v.a.* esteem 2460, 2870, 3930, 4501, 5465; estimate 2253, 2258, 2260; praise 4741
presmer *v.n.* approach 4933
privé *s.* close friend, intimate 690, 1936, 4408
prof *adv.* near, nearly 254, 948, 5622
provigner 4224 *n*, *v.a.* layer
pugnant, poi- *adj.(pr.p.)* spurring 229, 235, 243, 2636
puisné *s.* youngest 4398
pur iço *adv.loc.* on that account 3011, 3796, 3884 *etc.*
pur iço que *conj.* because 4365
pur tant que *conj.* inasmuch as 1255
purchacer, -sc- 4330, *v.a.* obtain 4039
purfendu *p.p.* of **purfendre** *v.a.* split 2338

quens *s.* consul 4298; earl 4791, 5018, 5020, 5520, 5536
quer *s.* heart 44, 142, 1230 *etc.*
quilunt *s.* cullion, worthless person 2056
quir *s.* skin, hide 4708, 4719
quise *s.* thigh 436

ralier *see* **relier**
rëal *adj.* royal 3742; *s.* king's man 2637, 2793, 5897
recaser; *v.a.* drive out again 4953
recet, -eit; (*pl.*) **recesz** *s.* stronghold 86, 4697, 4709, 5033, 5262
receter 2463, 4332, **receiter** 2278, *v.a.* harbour 4148, 4332, 4743; *v.n. and refl.* take refuge 2278, 2463
reconser; *v.n.* set (of sun) 2382
recovrer; *v.a.* restore to health 1379
redecçut *pret.3* of **redeceivre** *v.a.* deceive in turn 4772
redoté *adj.(p.p.)* in dotage, childish 1312
relier, ral-; *v.a.* rally 216, 282, 2374, 2550, 2744, 2782, 3094, 5423
remaneir; *pret.3* remist 1171, 1355, 1761 *etc.*; *pret.6* **remistrent** 5028; *p.p.* **remés** 1659, 1972, 2708 *etc.*, **remis** 365, 2339, 3266 *etc.*; *v.n.* stay, remain 365, 470, 942 *etc.*

reneier 4100, 4108; *cond.3* **reneireit** 3935; *v.a.* deny
repairer, -per- 1542, 1647, 2514, 4580, 4931, 5334; *fut.6* **repairunt** 372; *v.n. and refl.* return 372, 447, 593 *etc.*; *subst.inf.* return 1769
rere 5891, *v.a.* shave
resortir 2200, *v.n.* withdraw
retentir 838, *v.n.* resound
reüser; *v.a.* repulse 2344
reveler; *v.n. and refl.* rebel 2426, 3459
romanz *s.* vernacular 3575
rover; *v.a.* bid, command 1281, 5005, 5044 *etc.*; ask 4885
rue *s.* lane (between tents) 395, 398
russel *s.* stream 2309, 3513, 5209
russellet *s.* brook 6044

sablun *s.* sand 5552
salt *s.* leap 1022
sause *s.* sea 1344
seger; *v.a.* besiege 2813
sempres *adv.* *see note to* 2367–72
sen *adj.* saint 3175, 3178
sené *s.* senate 1729*n*, 2137, 3207; senator 3341, 3650, 4286
senéement *adv.* wisely 5122
sereine *s.* siren 638
seri *adj.* quiet, peaceful 377
serrément, seré- *adv.* in close order 110, 151, 6080
sigle *s.* sail 2517
sigler; *v.n.* sail 963
sivre 360, **sure** 3086; *ind.pr.6* **sivent** 385, **suent** 406; *subj.pr.3* **siuie** 3760 *n*; *pr.p.* **sivant** 759, **suivant** 1431, **suant** 3083, 3087, 5278; *v.a.* follow 360, 385, 406 *etc.*; journey 1431
soignant *s.* concubine 1932
sole *s.* sole (of shoe) 4995
soleir; *v.n.* be accustomed to, use 647, 648, 1878 *etc.*
soudeier *s.* mercenary 4937
soverain *adj.* superior 2094; *s.* upper part 6042
suffre *s.* sulphur 1194
suffreitus *adj.* in need 4355
suget; (*pl.*) **sugeiz** *adj. and s.* subject 1977, 2909
sultan *adj.* powerful 588
sure *see* **sivre**

talevaz *s.* shield 2607
tant *adj.* so many 2307, 3421, 3422, 4284; **par tanz quanz** in equal numbers 5001
tapinage *s.* disguise 5884
tencer 2625, 5090, *v.n.* quarrel

tendrur *s.* grief, sorrow 4211

tenir; *v.refl.*; sei t. en sei, keep oneself to oneself 2677

tenser 3408, *v.a.* save, protect 4300

terrer 3480, *v.n.* throw up ramparts

theïr 3605, *v.n.* thrive

tirant *s.* tyrant 1931, 3451, 3610. *adj.* raging 2472

tolir 2703, 2881, 4454; *p.p.* toleit 3414; *v.a.* take away 2629, 3206, 3362, 3414, 4227

traité *s.* treatise 4818

tres *prep.* behind 5912

tresaler; *v.n.* pass away 567

tresbeit *s.* ? 475 *n*

tresbucher, tre- 1199, *v.n.* stumble, fall 435, 1201

trespasser; *v.a.* pass, overtake 1774, 2013

trespercer; *v.a.* pierce 2767, 5440

tricher; *v.a.* trick 1883

trichere *s.* trickster 5207

trunçun *s.* stump 2492

turment *s.* storm 4070, 4082; torment 75, 304, 1736 *etc.*

tuse *s.* girl 1071, 4795

ultreier; *v.a.* overcome 5441

utlage *s.* pirate 631

uxour, -or, ouxur *s.* wife 481, 1270, 1656, 3590, 4046

vedve *s.* widow 5531

vëer; *v.a.* deny, forbid 3212, 4961

veille *s.* sail 961

veintre 5866, 6066; *pret.3* venqui 3437, venquit 3678, 4658, 4870 *etc.*; *pret.6* venquirent 4144; *v.a.* vanquish 259, 265, 380 *etc.*; surpass 3284

veisdie *s.* cunning 4416

venqui, -quirent, -quit *see* veintre

venteler 2149, *v.n.* blow in the wind, flutter

vesquirent *pret.6* of vivre *v.n.* live 3599

veszié *adj.* cunning 3368, 3485, 4413, 4671

viander *s.* provider 1662

volatile *s.* birds 2592

werreier; *v.a.* make war on 1748

wesseil *s.* pledge (in drinking) 4758, 4765

INDEX OF NAMES

All names occurring in the text are listed, but some minor differences of spelling, e.g. *o—u*, are neglected; unless otherwise indicated the line-references are complete. Except where there is no difference in spelling, the modern equivalent of the name, if it exists, is given. Attention is drawn to a note by the letter *n* following the line-reference. The county abbreviations of the English Place-Name Society are used where advisable; other abbreviations are: abp. = archbishop, bp. = bishop, br. = brother, d. = daughter, emp. = emperor, k. = king, s. = son, w. = wife.